障害児が地域校に学ぶとき

【新マニュアル】障害児の学校選択

障害者の教育権を実現する会
野村みどり・宮永 潔
【編著】

社会評論社

障害児が地域校に学ぶとき＊目次

はじめに……10

第1部　こうすれば地域の学校に入れる

Ⅰ　いつ、どう要求したらいいか

権利行使の仕方は選びとれるのだ……14

1　教育を受ける権利
2　義務教育の義務って？
3　学校設置義務の考え方

いつ、どう要求していったらいいか……23

1　けったいな「認定就学者」
2　地域校就学の要望書は11月いっぱいに
3　学齢簿の謄本は親の承諾なくして県に送るな
4　学区小行きは可能だ、親の意志次第

地域校就学の考え方・すすめ方……31

1　「義務教育」の義務って何？
2　親（本来的には本人）の学校選択権を武器に
3　就学時健康診断は受けなければならないのか

4　就学指導委員会からの呼び出しに応じてはならない
5　交渉相手は教育長一本に絞って
6　「学齢簿の謄本は送るな」とクギを刺すことを忘れずに
付録　学区校就学にかんする五つのキイ・ポイント……40

Ⅱ　どう実現したか

就学相談を受けたばかりに（知的障害の栄華さんの場合）……43
1　「就学相談」に呼び出され
2　特別支援学級の就学通知を返送
3　学区小の就学通知を出すと確約
《資料》細野栄華さんの学区小就学にかんする要望書……49
車椅子のゆりなさん、校長は、校内生活での配慮を約束……57
1　「就学通知」の件で校長から電話
2　校内生活の配慮を求める要望書を提出
3　校長、介助員の配置や障害への配慮を約束
《資料》小池優李奈さんの学習権保障についての要望書……65
「就学義務猶予」は権利代行者たる親の権利だ（ダウン症の高橋依吹くんの場合）……72
1　この子を守っていこうと決意

2　教委、「就学義務猶予」を躊躇
3　添付書類をめぐる教委の頓珍漢ぶり
《資料》高橋依吹くんの就学学義務猶予の申し入れ書……78

Ⅲ　こんなときどうする？　Q&A
就学指導委員会ってなーんだ……85
就学時健康診断は受けなければならないの？……87
就学義務猶予を考えているのですが……89
親は学校に付き添わないといけないのですか？……91
「お子さんにだけ手をかけられない」といわれて……93
特別支援学校からの転校はどうすればいい？……96

第2部　学校とどう付き合う？

Ⅰ　学校生活と学習保障、こんな配慮があれば
車イスのわが子の一年生一学期……100
1　親の付き添いを求められ
2　驚くほどおしゃべりになって

同じクラスの子として受けとめて …… 106
1 「よその子」ではなく「うちの子」として
2 健太郎をクラスの人気者として
3 生かすも殺すも担任次第
車イスの春樹くん、「宿泊学習」始末 …… 115
1 一緒に宿泊させない？
2 障害に対する適切で必要な配慮を！
3 教委交渉で決着
障害ある子を普通学級で受けもったら …… 120
1 40年前には
2 世の中変わってきた
3 一方では「こんな子どもはここに来るべきではない」と
4 「結局うまくいかない」にしないため
5 どうしたらいいのか
重い知的障害の子もみんな一緒 …… 133
1 普通学級で過ごしたい
2 みんなの中でこそ……
3 「奈良の遠足」で……
4 中学進学に関して

Ⅱ　いじめ・不登校をどう解決したか

いじめを放置する学校（桂山隼人くんの場合）……141

1　パニックが問題なの？

2「特学イデオロギー」は、なお根強く

3　学校側の「監督義務」とは？

4　教委交渉で解決を図る

5　隼人君問題が提起していること

私は泣き寝入りしない……154

1　教委側、いじめ解決を約束

2　いじめに遭っても責任がもてない？

3　二度と心から後悔したくないから

4　いじめを放置する学校

《資料》桂山隼人くん学級内いじめ事件　要望書・話し合いメモ……160

中学生の彩子さん（ダウン症）はなぜ不登校になったか……173

1　部活をやめざるを得なかったのは？

2　通常学級に生活を移すようになって

3　３年生に進級するや不登校に苦しむ

第3部　高校進学をどう考える

選抜制度はいらない……184
1　義務教育から高校教育へ
2　学びたいは終わらない
3　憲法26条と高校選抜制度
4　権利としての高校就学――子どもの権利条約をたたかいの旗に

障害があるからこそ地域の高校へ……206
1　子どもの声があふれる地域の学校へ
2　帰宅するや公園で一緒に遊ぶことも
3　子育てに悩みながらも一歩ずつ
4　高校入試という壁を乗り越えるために
5　どうにかこうにか高校2年に進級へ

友だちといっしょに進級したい……216
1　進級の壁
2　亜紀の勉強
3　校長との話し合い
4　留年

障害ある生徒もともに学ぶ（大阪府の場合）……226
1　定員割れ不合格は出さない

2　自立支援コース
3　共生推進教室
4　「ともに」の願い
《資料・「実現する会」の歩み》
私たちは何をしてきたか　何を発見してきたか……239
1　浅井一美さん学区小就学問題
2　親（本来的には本人）の学校選択権
3　遅滞児における学習の意味
4　国際障害者年の問題提起
5　インテグレーションからインクルージョンへ
あとがきにかえて・障害児の教育権を実現する会の定期刊行物について……254

はじめに

お待たせしました。インクルーシブ教育の流れに棹さすため、いま憲法9条が危ないといわれるのを危惧しながら、編集内容も新たに「障害児が地域校に学ぶとき――新マニュアル 障害児の学校選択」(「新マニュアル」と略す)の刊行にこぎつけました。学校教育法施行令の改訂点など法律的な根拠の正確さ、就学先をきちっと決定してから学校・教育委員会へどう話をもっていったらいいか、そして話し合いをどう進めていけばいいかについてなどのことも、とぎすまされた考えをあつめて明確に書かれたこの一冊、これこそ待ち望まれていたのではないでしょうか。

障害ある子どもがなぜ、地域の学校ではなく、遠くはなれた特別の学級や学校に通わねばならないのでしょうか。まだまだたちふさがるものの圧に踏み入らねばなりません。子どもに日々接する教師が、「私は障害児の担任じゃない」という顔をしていた例も、まだ見受けられます。これにたいし、「担任にちょっとした想像力を持って、障害児への合理的な配慮を自覚して接してもらえばよい」と、親の側が言い切ります。そうなのです。その意味での意見交換・交流こそ、この本の目指すところといえましょう。そして、この文字通りインクルーシブ教育の典型を打ち出している教師も現れているという心づよい例も、本書は紹介しているのです。

他の子どもとちがっていたって、追い出そうとすることなく包み込んでこそ輝きを増す、そんなインクルージョンづくりがのぞまれ、本書を編みました。社会・集団のなかで育ってゆく子どもたちは最初から宝石ではなく、これからどんなに輝くかわからない原石なのです。そんな子どもを育てる母親そして父親の立場から、解決する課題のカギがふんだんに書かれている「新マニュアル」の出番といったところです。

「入学するだけならかんたんになった」、「入ってからあとが問題」などの声がきかれるこの頃、就学してからの学習保障ということについても、「親（本来的には本人）の学校選択権」の考え方が生かされねばならないでしょう。そしてインクルーシブ教育の時代の流れにこたえようとしたのです。「みんなといっしょの学習が無理な子がなんで同じ教室にいるの?」「授業がやりづらい」「障害児が行くべき学校は別にあるんじゃないの?」なんていう権限はだれにもありはしないのです。学ぶということを広く受けとめて、普通学級のなかに、あの子その子この子の居場所をつくることがもっとも大切なことではないでしょうか。

障害児が子ども集団のなかで豊かに育ちあうということは、親（本来的には本人）の学校選択権の考え方がいきいきとしてはたらき、障害児が学級集団に溶け込み前向きに当たり前に生きるということに他なりません。

さらに、義務教育修了後の高校進学問題をも視野に入れ、「権利としての高校就学」を礎として、障害児が地域コミュニテイの一員として当たり前に生きる意味をもかみしめながら編集したところにも、この「新マニュアル」は、父母、教師の皆さんにひろくもとめられるものになっていると考えられます。この一冊をお手元に置いて、そんなこんなの虎の巻として、そのあたりを読み取っていただけることを切に希望してやみません。

（2012年7月29日、さよなら原発・国会包囲アクション20万人集会に参加した日の晩に）

野村みどり

第1部

こうすれば地域の学校に入れる

Ⅰ　いつ、どう要求したらいいか

権利行使の仕方は選びとれるのだ

A　もしもしAだけど、しばらくだね。

B　やあ、何だいきょうは。

A　ちょっと相談があるんだ。いま時間あるかい。

B　ああ、昼飯が終わったところだから、いいよ。

A　実はね、僕の近くに障害児の母親がいてね。その子が来年4月に学齢に達するんで、相談されているんだ。つまり、いまは特別支援学校と言っているのかな、前の養護学校だね。つまり、そこじゃなくて学区小に入れたいというんだ。その子は、発語も不十分、食事や排泄の介助も必要とするような知的障害児なんだが、親としては、学区の普通学校、それも普通学級だな、ここに就学させたいと言っているんだがね。市教委の就学相談では養護学校行きをすすめられたんだそうだ。でも何とか学区の普通学級で近所の子どもといっしょに生活を送らせ、可能な勉強もさせてやりたいっていってんだよ。君は、いつだったか、学校は親が選ぶんだといっていたね。その点、市教委の結論と親の希望が対立してきている、そこでどうしたらいいかと思ってね。

B　そういうことか。教委の教育相談といっても、それは就学指導委員会にそういわれたということだろう。はっきり言っとくが、教育相談をうけるなんて、子どもにとっても親にとっても義務的ではないんだぜ。就学指導委員会なんて教委の諮問機関にすぎないんだからね。

A　じゃあ、どう考えたらいい？

1　教育を受ける権利

B　もっとも根本は憲法26条だろう。

A　そう、「教育を受ける権利」条項ね。

B　つまり学齢になったら、どの子も公立校に就学する権利があるということだ。

A　でも26条には「その能力に応じて、ひとしく教育を受ける権利を有する」とあるぜ。「能力に応じて」をどう解釈するんだい。

B　そこだよ。同年齢の子どもを能力別に分けて就学させるんだと、これを解釈したら、それこそ妙なことになる。これは学齢にある期間、年齢に即してその権利があると読めるだろう。いくら天才だって4歳や5歳で就学するなんてできない。あるいは3年から5年に飛び級することもできない。ここは「ひとしく」ということが大切じゃないかな。たとえばね、1997

年に茨城県の茎崎町（現つくば市）というところで、車椅子使用と重度の知的障害のある菊地翔子さんという女の子の学区校就学問題が起こったけど、その時御両親名で町教育委員会の教育長あてに提出した要望書のなかに、こんな一節があって僕は感動したことがあるよ。持ってくるから、ちょっと待っててくれるか。

A　ああ、いいよ。

B　じゃ読むぜ。「翔子が、授業の内容を理解することはできないことも解っています。だからといっていっしょにいることが意味がないとは思いません。翔子なりの学び方があると考えます。掛け算は理解することはできなくとも、クラスの友達が掛け算を暗唱する声を聞くことはできます。先生の声にたいする子どもたちの反応をまじかに感じることも、翔子にとっては学習です。子どもたちのざわめきや歌声のする場にいること、『翔子ちゃん』と語りかけてくれるいろいろな声を感じて聞き分けていくこと、たくさんの友だちから顔をみつめてもらうこと、手を握ってもらうこと、自分に対してさまざまな反応を示すことを体全体で感じること、それらすべてが翔子にとっては学習です」。

こういっているんだ。

A　ああ、そんなことがあったな。月刊『人権と教育』で読んだよ。それで茎崎町教委も翔子さんについて学区校に就学措置をせざるをえなかったんだったな。あのときはかなり大きな運動になったんだったろう。

Ｂ　まあ、な。しかし、そういう個々の問題より、大切なのは「教育を受ける権利」といわれる権利ということを、根本的にどう考えるかだろう。

Ａ　そこだな。

Ｂ　つまりね、権利と義務とあって、これは近代社会において、ワンセットの規範——どういったらいいかな、各人がこの社会生活を送るうえでワンセットになった約束ごと、そういうものとしてある訳だ。

Ａ　それで……。

Ｂ　まず義務についていえば、君が年金もらってノンビリ釣りでもしてるとしても……。

Ａ　冗談いうな、オレは年金もらってるったって、税金その他いろいろ差し引かれて大変なんだ。

Ｂ　そうだ、そこだよ、買い物をすれば消費税をとられるだろう。つまりね、義務というのは、その義務履行が義務的に果たさせられてしまうような、そういう規範なんだ。

これに対して権利というのは、その権利を行使するかどうか、どんな風に行使するかが権利主体の側の選択にかかっているんだ。つまり権利行使は選択的であるということだ。梅根悟さんがよく例にだしていたことでいえば、憲法24条に婚姻の自由に関する権利規定があるだろう。あれにしたって、結婚するかどうか、あるいは誰と結婚するかなんて、役所で指導されるわけじゃないよな。あるいは、結婚相談制度なんてのが役所にあって、そこの相談をうけなければ結婚できないなんて絶対ありえないだろう。

Ａ　うん、君のオハコはいいから、問題は障害児が、特別支援学校でなく地域の公立校に就学できるかどうかなんだよ。

Ｂ　できるさ。憲法論・法律論的にはね。

つまり、特別支援学校に行くか、学区の地域校に行くかは、それこそ本人の選択にかかっているんだ。これは案外忘れられている、否、気づかれずにいる嫌いがあるけど、うんと大事なところだ。ここから、われわれ障害者の教育権を実現する会（「実現する会」）では「親（本来的には本人）の学校選択権」という考えを打ちだして、それを思想上・運動上の武器として、障害児個々人の就学運動をすすめている訳だ。

そこを、その子のお母さんには徹底的に学習してもらうんだね。つまり地域校に就学させようという意志をかためたら、そうした権利論上の裏づけが不可欠になる。つまり、そうした権利論的なバックアップがあって、そのお母さんの意志は、はじめて現実的な意志となりうるだろう。

Ａ　しかし、９年間の「義務教育」といわれるぜ。

Ｂ　話を先にもって行かないで、これまでのところは了解したかい。君が、だよ。

Ａ　だいたいわかった。でも、どうして「親（本来的には本人）の学校選択権」なんて、ややこしいいいかたになるんだい。

B　それはだね、就学権、学習権は子どもも本人にあるに決まってる。しかし、君、明年学齢に達する障害児にとって自分がどこにいったらいいか、その判断は無理だろう。そこで保護者たる親が、子どもの権利行使代行者として、教委と交渉していかねばならないことになる。だからわれわれの学校選択権思想は、「親（本来的には本人）の学校選択権」という標語にまとめあげられているんだ。ついでに言っておくと、交渉相手は地方公共団体の教育長だからね。もちろん、教育長権限を代行する役人と話し合うこともあるよ。しかしこの場合も、〝あなたを教育長権限を代行する方と認めて話し合いますが、それでいいですね〟という確認をとってから交渉に及ばないとダメだぜ。

A　だいたいわかった。オレも勉強するからこれからもよろしく。

2　義務教育の義務って？

B　おいおい、簡単にわかるなよ。君がさっきいった「義務教育」って何だ、もっといえば義務教育の義務って、誰のだれに対する義務かっていう問題が残っているよ。

A　戦前・戦中は兵役・納税の義務とならんで教育をうけることが国民の義務とされ、三大義務といわれてたな。

B　うん、そうだ。そのくらいは知ってるんだな。

A　バカにするな。だから、いまの憲法でいう義務っていったい何だということだよ。

Ｂ　そう、義務教育の義務というのは、学齢にある子どもが、教育を受ける権利を行使するにさいして、それを保障するために義務を負う人間なり機関（オルガン）なりがあるということだ。

Ａ　わかった。憲法26条の②項に、「すべて国民は、法律の定めるところにより、その保護する子女に普通教育を受けさせる義務を負う」とある、あれだな。つまり保護者が子どもの就学する権利を保障する義務があるということだろう。

Ｂ　うん、いろいろ解釈があるが、あそこは、保護者が子どもに対して負う義務ととらえるのが妥当のようだ。そこから、例の親が子どもの権利代行者でもあるということにもなるんだな。

Ａ　でも学校設置義務ってあるだろう。

Ｂ　そう、26条の「義務教育は、これを無償とする」というところにかかわってくる。つまり、憲法を法源とする学校教育法の第38条には、「市町村は、その区域内にある学齢児童を就学させるに必要な小学校を設置しなければならない」とあるよ。

Ａ　中学校は、どうなんだ。

Ｂ　同じく学校教育法の49条に、右の規定は「中学校に、これを準用する」とあるな。

Ａ　わかった。義務教育の義務ってのは、学齢にある子どもを、①就学させる義務と、②地方公共団体が学校を設置する義務の二本立てからなっているんだな。

B　そうだ。そう考えていいと思う。いや、憲法・法律的にはそう考えるべきだよ。

3　学校設置義務の考え方

A　そうすると何だな。オレが相談をうけたお母さんの場合、お子さんが重度の知的障害児だろう。どうしたって学校生活をつつがなく送るためには、介助員なり、補助員、まあ言葉は何だっていいや、つまりそういう職員を配置させる必要があるだろう。それは公的に保障されるのかね。

B　そこだな、学校設置義務といったって校舎を建てて机や椅子を設置すれば、それでいいということにはならないだろう。必要な教職員が準備されなければならない。つまり、ハコモノと人的資源が用意されなければならない。こんなことは当たり前の話さ。
そして、そこに重度の知的障害児が就学して行けば、当然、食事・排泄などの介助が不可欠となる。これを教委に要求して行くのは、当然の権利でもある。現に介助員を公的に保障させている例もある。君、月刊『人権と教育』をよく読んでくれよ。

A　わかった。それはそうしよう。
でもね、教育相談で、学区校にもし入ったとしても介助はお母さんにお願いしますてなことを言われたらしい。

B　だからさ、そんなことにめげるんじゃなくて、いまは学籍を獲得することが第1だろう。

さっそくにだね、そのお母さんと相談して、学区小就学についての要望書なり趣意書を出すようにしなきゃあダメだよ。

もちろん、親御さん名義で教育委員会・教育長宛にだすんだぜ。

Ａ　郵送かなあ、持って行くのかなあ。

Ｂ　相手次第だな。相手が強硬なら内容証明郵便にするって手もあるよ。とにかくその要望書が交渉の大前提になる。キミものりかかった船だ。がんばるんだな。ところで支持者はいるのかね。

Ａ　数人はいるね。

Ｂ　それはたのもしい。お母さんを中心によく話しあって、いやな言葉だが、よく学習して運動を展開して行って欲しいな。

Ａ　ところでキミ、そのお母さんなる人に、月刊『人権と教育』の購読をすすめてくれないかね。

Ｂ　お生憎様、事務局の山田さんに頼んで、もう送ってもらってるよ。何れまた、相談にのってくれたまえ。

Ｂ　ああ、いつでも。何だったらボクがそっちに行ってもいい。

（津田道夫『人権と教育』４５１号、２０１１年10月）

いつ、どう要求していったらいいか

（ジリリリリ……電話のコールサイン）

Ａ　もしもし、やあすまんすまん。

Ｂ　何だいこんな真夜中に。

Ａ　だからすまんといっているんだよ。

Ｂ　いや、ボクにとっちゃあ午前1時2時は宵の口だから、まあいいよ。それよか、まえキミが言って来た知的障害の女の子の件、マユミちゃんといったか、その子の学区小就学の件、市の教育委員会（教育局）は色よい返事をしたのかね。

Ａ　それなんだよ、マユミちゃんのお母さんは、二、三度役所に足を運んだんだがさ、ぬらりくらりで、まだ返事がはっきりしてないんだ。一度はオレともう一人の支援者も一緒したけどね。こっちが、近頃は知的障害児の普通小就学も、それほど珍しくないようですねっていったら、そう、「認定就学者」というのがあって、その枠に入れば勿論学区小就学もありえます、てなことを言ってね、マユミちゃんの場合は「認定就学者」と認められていないんです、なんていうんだな。何だい、その「認定就学者」というのは？

1　けったいな「認定就学者」

B　ああそれね、２００２年４月に学校教育法施行令の一部「改正」政令が出されて、その直後、「障害のある児童・生徒の就学について」という文科省初等中等教育局長の「通知」なるものも出された。そして新たに「認定就学者」なんてことが言われているんだ。場合によっちゃあ、「認定就学委員会」なんてものも開かれているようだよ。

A　それじゃ何か、認定就学者に「認定」してもらう方向で話をもって行けばいいわけか。

B　キミ冗談じゃないよ。まず第一に、文科省局長通知なんてものは法律とはちがってだね、国民一人ひとりを掣肘するものなんかじゃないんだ。それは行政側が就学事務をすすめるに際してのマニュアルみたいなもんで、各都道府県教育委員会、都道府県知事、それから地方自治体の関係者にあてられたものでしかない。これが第一だね。そして、そこで「認定就学者」なんて、けったいなものを決めるなんて、学齢期にある障害児の間に、認定就学者かそうでないかてなことで端的に差別をもちこむことなんだよ、そうだろう、これが第二に確認されなきゃならない。勉強ができるかできないか、身辺自立ができるかできないかで分けるなんて、それこそ差別じゃないか。学区小就学か、特別支援学校就学か、を選択するのは、権利主体であるマユミさん本人で、保護者はその権利行使のあり方を代行する責任がある。そこから、この前もいったように「親（本来的には本人）の学校選択権」という法理解釈も打ち出されてきた訳だ。だから「認定就学者」として認めさせるなんて発想は出て来ようもないじゃないか。キミがそんな考えだったら、それこそ教育のうえでの障害者差別に乗っかったことにもなりかねないぜ。

それと、これはマユミさんの問題とは直接は関係ないけれど、02年通知では「就学義務の猶予又は免除について」というところで、こういっている。「治療又は生命・健康の維持のために療養に専念することを必要とし、教育を受けることが困難又は不可能な者については、保護者の願い出により、就学義務の猶予又は免除の措置を慎重に行うこと」。つまり、問題はだね、「教育を受けることが（中略）不可能なもの」といって、先験的に教育不可能児がいるとされているわけだよ。こんなのってあるか、キミ。

A　そうだな。「認定就学者」なんてオレも変な話だと思いはしたんだがね。

B　そうだよ。あくまでマユミさん本人の公立地域校に就学する権利を前面におしたてて就学をかちとるべきなんだよ。ところでキミ、そのお母さん、ないし御両親名義で、学区小就学にかんする要望書は、もう提出してるんだろうね。

A　就学は来年4月だから、まだいいと思ってね。

B　まだいいと高《たか》を括っていたんだな。遅いよ。まあ、ボクのいうことを聞いてくれ。

2　地域校就学の要望書は11月いっぱいに

A　たかを括ってもいない。お母さんと相談してオレも加勢して要望書の案文みたいなものは準備しつつあるよ。こんな具合だ。

〝長女マユミは、明年4月には学齢に達し、私ども夫妻にはマユミを、学区小ないし、当該県立の特別支援学校に就学させる義務が生ずる訳です。私どもは別記の理由により、マユミを特別支援学校ではなく学区の小学校に就学させることで、親の就学させる義務を果たす所存です。貴殿の就学事務処理の便宜を考え、あらかじめ文書にて意のあるところを表明させていただきます。〟

こんな具合でね。それに「記」としてマユミちゃんの生育暦、保育園での様子、友だち関係、その他をかいて、地域の子どもたちといっしょに学区小に通わせる旨を説明した文書を用意してるんだ。

B　それは結構。キミ、お母さんと相談して今夜徹夜してでも明日中にその文書（要望書）を、発送するべきだ。内容証明郵便にして市教育委員会教育長宛にするんだぜ。勿論御両親名義でだ。何なら〝本文書作成にあたっては私どももその会員である障害者の教育権を実現する会事務局にも相談したことを申し添えます〟といった付記を書き込んでおくといい。

A　キミも気がはやいな。もっとも昔から短気だったけどな。

B　ボクは短気でもタヌキでもどうでもいい。ただね、今夜徹夜してでもというのは本気でいっているんだぜ。そのゆえんについて説明するから聞いてくれるか。

A　ああ、ぜひたのむ。

3　学齢簿の謄本は親の承諾なくして県に送るな

Ｂ　なんか大学の講義みたくなっちゃうけど、まあ聞いてくれ。事柄を単純化して端的に話させてもらう。

地域によっては、就学指導委員会（場合によっては就学相談室なんていわれる）が、6月ころから就学相談をやりはじめるけど、問題は10月以降12月までが勝負どきだ。というのは、市町村教育委員会（教育局）は、まず、

10月いっぱいに、明年4月就学予定の子どもたち——障害児も健常児もふくめて——の学齢簿を作成する。そして、

11月には就学時健康診断がやられる。これは学区校を会場とする場合も、市町村教委が主体なんだ。そして、妙な検査もやって障害児をはじきだすんだね。それから必要と認められる子ども（障害児）については、就学指導委員会にかけられる。（もっとも10月末くらいに就学時健診がやられる場合もあるがね。）

そして、

12月中に、特別支援学校適当と判断された子どもの学齢簿の謄本、ひかえだね、それが都道府県の教委宛おくられる。それから、

翌年1月に、地域校就学予定者については、市町村教委から就学通知が来、特別支援学校就

学予定の障害児については、都道府県から就学通知が来る仕組になっている。（これは厳密にいえば親の就学させる義務を督促する通知というがね）。だいたい以上だ。わかったら、キミちょっと復唱してみてくれないか。

Ａ　（だいたい復唱する）。

Ｂ　そうだ、それでいい。月刊『人権と教育』の３０９号（99年9月）にもそれが表示してある。あッそうだ。それよか「実現する会」発行の『マニュアル・障害児の学校選択』（社会評論社）にも、たしかあったと思う。

Ａ　そうだったな。

Ｂ　うん、そこでだ。11月が勝負どきだってことが判っただろう。つまり、就学時健診で障害児を振り分ける秋（とき）だからだ。ところでマユミさんのお母さんは就学時健診に連れていったのかい。というのは就学時健診なんてこれまた義務的ではないから聞いているんだがね。

Ａ　つれて行ったそうだ。だけどね、障害児ふりわけのための妙な知能検査まがいのことは拒否したらしいよ。

Ｂ　そいつは大いに結構だ。

右のようなわけだから、ぜひ11月いっぱいに要望書ないしは趣意書を出すべきだといったんだよ。もっとも、そのお母さんの場合、特別支援行きを拒否してるわけだから、教委のほうも、何かと説得しようとしているだろうしするから、まだ間に合うと思うがね。近ごろは、いかなるゴリゴリ差別主義の文科省も、よく保護者の意向を聞くことといっているからね。

A　何だなあ、それでマユミちゃんの学区小行きは可能と思うかい。

4　学区小行きは可能だ、親の意志次第

B　学区小行きは可能だ、親が意志を固めるかぎり可能だ。

A　だから、意志は固めているっていっただろう。前もいったぜ。

B　うん。ただね、意志を固めるといっても漠然とした希望だけじゃ不十分だ。事柄の法理論的・権利論的筋道を自覚して、その知的了解のうえに、具体的意志にまでアウフヘーベンされているなら、意志を固めたといっていい。そのことで市の教委の担当者と、キチンとやりあえるようじゃなきゃあダメだぜ。

A　うん、わかった。
ところで、オレちょっと聞いたんだがね、近頃は、むしろ特別支援行きを希望している親御さんもふえているっていうんだがね、そこんとこはどうなんだい。

B　そんなことを聞くな。ボクもよくわからないが、夫婦共働きの場合なんか、特別支援学校を、いわば託児所みたいに考えている向きもあるらしい。もっとも、事柄を真剣に考えて、

うちの子はやはり特別支援行きと決断する親御さんだっているらしいよ。筋道立ててそう判断なさる場合は、それだって「親（本来的には本人）の学校選択権」の行使といえないこともない。

それはそうなんだが、亡くなった梅根悟さんは、障害児教育の未来像といったことで、こんな風に述べていたよ。

《将来の夢としてはですね、精神薄弱、身体上の欠陥をもっておる子ども、普通に養護学校の対象といわれているような子どもたちにつきましては、そういう子どもたちがみんな町の、村のコミュニティの学校に、同じコミュニティに生まれたり、現にそこに住んでいる他の子どもたちといっしょに仲よく手をつないで入学して生活を共にするといったようなことが夢ですね。同じコミュニティの仲間にはいれない子どもはまったくいないというふうになることが、一つの未来像ではなかろうかと、私は考えているんです。》

これ梅根先生が、1977年9月17日の実現する会主催のシンポジウムで語ったところだよ。

いや、ごめんごめん、話が少しズレたかも知れない。

A いや、そんなことないよ。

ありゃ、もう午前3時だぜ。キミの勉強時間を大分削いじゃったようだな。

B いいよ、いいよ、こういうことなら、ボクも頭の再整理になったよ。

じゃ、この辺で。

A　それじゃ失敬。
B　じゃあね。

（津田道夫『人権と教育』452号、2011年11月）

地域校就学の考え方・すすめ方

Q　知的障害の子どもの母です。来年度の就学を控え、娘を地域の普通学級に就学させたいとの思いから、情報を求めて書店でいろいろと本をさがしては見るものの、なかなか確信が持てず、心細い思いですごしています。というのも、私が住む地域では、障害を持っているお子さんが普通学級に入っている例は少ないと聞いていることもあり、また、私と同じような思いを持って教育委員会に出向いても、応対に出た担当者からは、特別支援学級や特別支援学校をすすめられたという話も人づてに聞くことがこれまでにあったからです。

これからもこの地に住みつづける私たちとして、娘を近所の子どもたちといっしょに地域の普通学級に通わせるには、どうすればいいのでしょうか。

A　端的に言って、私たちは、どのような種類の、どのような程度の障害を持っていても地域の通常学級に就学する権利があると考えています。しかし、あなたも書かれているように、この子どもの権利を実現するためには、地域によっては、まだまだ困難があるというのも事実でしょう。

そこでまず一番肝要なのは、親がお子さんを地域の通常学級に就学させるとの意志を固めることにほかなりません。意志を固めるといっても、教育委員会の担当者を説得するのに、「うちではそう決めています」というだけでは、「情報を求めて書店でいろいろと本をさがしてはみるものの、なかなか確信がもてず、心細い思いですごしています」とおっしゃっているように、根拠としては、はなはだ心もとないといえるでしょう。その意志の裏づけとして、きちんとした考え方、つまり、「権利としての障害児教育」という観点が必要であるといえるのです。まずはそのあたりから述べてみたいと思います。

1 「義務教育」の義務って何？

まず踏まえなければならないのは、戦前と戦後では、「義務教育」といわれるものの考え方が根本的に変わったことでしょう。つまり、国家に奉仕する人間に成長するためにこそ、子どもたちは教育を受ける義務があるという戦前の考え方から、子どもたちが人間として成長すること自体が権利として実現されねばならず、国（行政）には、それを保障する義務があるという考え方への転換が、それでした。日本国憲法26条に明示されている「教育への権利」は、まさにそのことを謳いあげているのです。

すると、「義務教育」の義務とは何を指しているのかが問題となります。それは、実は二つの内容から構成されているのです。ひとつは学齢にある子どもを就学させなければならない親の義務（親の子どもに対する義務）であり、もうひとつは当該地域に住んでいる学齢にある子どもを受け入れるに十分な教育設備・教育資源をととのえる行政の側の義務ということになります。つまり、親の「就学させる義務」と行政の「学校設置義務」の二つから、それは成り立っているのです。義務教育の義務とは、「子どもが学校にいかなければいけない義務」であると考えている親御さんも多いと聞きますが、決してそうではありません。言いかえれば、この義務は、子どもの「教育への権利」を保障するためにこそ、親と行政（地方自治体）に課せられた義務なのです。

行政の「学校設置義務」についてさらにいえば、これはたんに施設をつくりさえすれば、もうそれでいいというものではありません。当然、そこには教職員の配置もふくみますし、その地域の子どもたちの学ぶ権利を満足させるような人的、物的資源を整えなければならないことをも意味しているのです。

2　親（本来的には本人）の学校選択権を武器に

ここまで子どもの「教育への権利」と「義務教育」の義務ということについて述べてきまし

たが、近代社会では権利と義務はワンセットの約束ごととして扱われています。しかし、この二つは、ある一点で決定的に性格が異なっているので、このことをキチンと押さえておくのが大切でしょう。義務というのは、納税の義務に見られるように、本人の意志いかんにかかわらず強制的に、それが履行させせられてしまうものです。

これに対して権利は、といえば、権利行使の枠組みが法律で決められているだけで、その権利を行使するかどうか、行使するとしてもどのように行使するかは、権利主体者の側の選択に任されているのです。

たとえば、最近、わが国でも参議院選挙が行われ、与野党逆転が話題になりましたが、棄権したという方も多くいました。「実現する会」が拠って立つ憲法の改悪論議がすすむなか、棄権するべきではないという思いとは別に、棄権したからといって、それが罪に問われるわけではありません。つまり、投票権を放棄するのも権利行使のひとつのあり方なのです。

まして、与党に投票しようと、野党に投票しようが、それこそ権利主体者の自由な選択によるのです。くどいようですが、権利主体者は、権利行使の具体的な内容を選択できるということにほかなりません。

同様に、就学することが子どもの権利であるからには、障害を持っていても地域の通常学級、あるいは特別支援学級や特別支援学校（学校教育法「改正」により、旧来の特殊学級、盲、ろう、養護学校の名称が変更された）のいずれを選択するかは、権利行使主体の側に任されているということになります。親（本来的には本人）の学校選択権の法理が、ここに導き出されてくるわけですが、この考え方は、２００７年6月「改正」の学校教育法第72条でも裏づけられているのです。

すなわち、そこでは特別支援学校の目的とするところは書かれていても、特別支援学校が対象としている子どもは、かならずそこに行かなくてはならないとは書かれていないのです。このことをキチンと押さえておきましょう。「教育への権利」が国民に保障されている以上、障害児は特別支援学校に行かねばならないなんて書かれるはずはないのです。

親が意志を固めるうえで、私たちの考えるところを必要最小限で述べてみました。そして、親がいったん意志を固めたならば、お子さんの地域の通常学級就学を実現するまで、なんとしても、その意志を貫き通すことが肝心です。それは、教育委員会との交渉の全過程を通じていえることなのです。

3　就学時健康診断は受けなければならないのか

では、教育委員会の就学事務手続きはどうなっているのでしょうか。

市教委は、10月中に住民基本台帳をもとに、満6歳に達した子どもについて学齢簿（児童名、生年月日、性別、保護者名、住所などを記した名簿）を作成することになっています。これにもとづいて、市町村教委は、就学時健康診断を実施するのです。就学時健診は、11月いっぱいに行うこととされているのですが、最近では10月に行われるところも多いようです。これはだいたい学区の小学校で行われます。

ここでの健診は、学校保健法などの法令によると、視力、聴力、眼の疾患や耳鼻咽喉疾患、歯や口腔の疾患などについて、異常が認められた場合には、就学までに直しておきましょうと保護者に治療勧告や助言を行うというものです。しかしその一方、「知能については適切な検査によって知的障害の発見につとめ」、市教委は、保護者の就学「義務の猶予若しくは免除又は特別支援学校への就学に関し指導を行う等適切な措置をとらなければならない」としています。

しかも文科省は、障害児を発見するための篩《ふるい》の目をより細かくするため、旧来の「標準化された知能検査法」から、簡便でしかも就学予定者の年齢層に適合した「適切な検査」へと、02年に学校保健法施行規則を改訂していたのです。学習障害（ＬＤ）、注意欠陥／多動性障害（ＡＤ／ＨＤ）、高機能自閉症（軽度の自閉症）などの軽度発達障害の子どもたちを、特別支援教育の対象とすることを想定してのことといえるでしょう。

では、このような就学時健診は、受けることが義務化されているのでしょうか。これは市教委の仕事ではあっても、これから就学しようという子どもの立場から見るなら、就学時健診を受けることは権利であり、決して義務ではありません。先ほども申したように、就学することは子どもの権利であり、就学時健診は、その権利を保障するためのひとつの手続きに他ならないからです。したがって、就学時健診を受けなかったからといって、小学校入学にはなんら影響はないということになります。

4 就学指導委員会からの呼び出しに応じてはならない

就学時健診の結果、障害があると認められた子どもの保護者には、就学指導委員会（就学支援委員会という場合もある）から呼び出しがあります。ここでは教育学、医学、心理学などの専門家といわれる人たちによって、就学時健診やほんのわずかな時間子どもを観察した結果をもとに、この子は地域の小学校で適切な教育を受けることができる特別な事情があるから「認定就学者」に、あの子は特別支援学校へと振り分けが行なわれているのです。そして、呼び出された際に、市教委の担当者から、「あなたのお子さんは特別支援学校が適当と判断されました」と告げられたりもします。地域によっては、「これはもう決まったことですから」と、特別支援学校行きを強要されたという場合もこれまでに数多くありました。

この就学指導委は、かつては文科省初中教育局長の一片の通知によって根拠づけられていました。それが00年の地方分権一括法の施行により、就学事務は国の機関委任事務から自治体事務に移管され、右局長通知は失効したはずでした。それにもかかわらず02年の学校教育法施行令（政令）一部「改正」で、「専門的知識を有する者の意見聴取」（第18条の2）として、あらためて政令に位置づけられたのです。

しかし、政令に位置づけられたからといって、就学指導委の呼び出しに応じなければならないいわれはありません。就学指導委は、市教委の一諮問機関に過ぎず、就学に際してのなんらの権限ももってはいないのです。むしろ、「うちではすでに子どもの就学先を決めていますので、相談していただかなくて結構です」と断るべきなのです。

2007年3月22日、同じく政令一部「改正」が行われ、右就学指導委を根拠づけた条文に当該児童の教育的ニーズを的確に把握できることが期待されることから、「保護者の意見聴取」が盛り込まれました。しかし、これも就学先を保護者が決めるというものではなく、あくまでも意見聴取であって、文科省は、就学先を決めるのは市町村教委という立場を崩してはいないといえるでしょう。

5　交渉相手は教育長一本に絞って

では、誰を相手に意志表示すればいいのか。それは、学籍措置責任者である市町村教育長以外にありません。交渉相手を教育長一本に絞って、お子さんの生育歴や法律的根拠を記した文書（要望書）で申し入れるのが肝要といえるでしょう。口頭だと、あとで「聞いていない」などといった不要なトラブルにもなりかねないからです。

文書で申し入れる際には、受け取りをもらうことも忘れないようにしましょう。名刺の裏に一筆書いてもらうのでもいいのです。これもまた、あとで「受け取っていない」などということのないようにという措置に他なりません。

しかし、市町村に一人しかいない教育長にいつでも会えるとは限りません。そうした場合にも、応対にでた担当者に「あなたは教育長権限を代行できる方ですか」と確認したうえで話を切り出す必要があります。代行できないという担当者に話しても、「上司に相談して、後日連絡します」といったことになりかねず、それでは交渉の進展が望めないからです。

6 「学齢簿の謄本は送るな」とクギを刺すことを忘れずに

さて、先に見た就学指導委で特別支援学校が適当と「判断」された子どもについては、学齢簿の謄本（写し）が12月中に県教委に送られることになっています。就学事務は市教委がすすめますが、特別支援学校はだいたい県立だからです。そして翌年1月に、健常な子どもならびにエレベーターやスロープなどが設備されていたり、専門的知識を有する教員が配置されるなど、特別な事情があると認定された者についてのみ通常学級への就学が認められる「認定就学者」には、市教委から地域の学校への就学通知が、特別支援学校が適当と判断された子どもには県教委から就学通知が届くという仕組みになっているのです。

したがって、あくまでお子さんを地域の通常学級に就学させたいと考えるのであれば、市教委に対して「うちの子について、学齢簿の謄本を親に無断で県教委に送らないように」とクギを刺しておくことが肝要です。

地域校への就学運動は12月いっぱいには決着をつけなければならないということもそこから導かれてくるわけです。もちろん、県教委から就学通知が届いても運動を継続する道はありますが、話が少しややこしくなることも事実です。

ここに申し述べた就学運動のすすめ方は、私たちが実際の運動のなかからつむぎあげてきたものであり、打つ手さえ間違えなければ必ずや地域校への就学を克ち取ることができると考えます。

なお、くどいようですが、お子さんの地域の通常学級への就学に際しては、何よりも親が確信を持って、毅然とした態度で市町村教委に臨むことこそ大切であることを、繰り返し申し上げておきたいと存じます。くわえて、要望書の書き方やその他不明な点がありましたらいつでもお尋ねください。

（宮永　潔『増刊・人権と教育』47号、2007年11月）

付録　学区校就学にかんする五つのキイ・ポイント

私たちは、文科省の障害児分離主義の路線に対置して、学区校就学運動をすすめるにあたって必要なキイ・ポイントを5つにまとめて、この間その普及につとめてきました。その全体を左に紹介しましょう。

《あなたのお子さんが障害をもっていて、なお地域小就学を要求される以上は、つぎの五つのキイ・ポイントを決しておろそかにすることなく行動を起こして行きましょう。

1　親として、お子さんの地域小就学を決断したら、そのはっきりとした意志を決してゆるがせにすることなく、市町村教委によって学籍が措置されるまで頑張るようにしましょう。これが学区小就学運動についていちばん肝心なことなのです。

2　就学指導委員会（地域によっては就学支援委員会ともいう）の「就学相談」は、どんなことがあっても断りましょう。すでに学区小就学の意志を固めておられるのだから、「就学相談」などは必要ない訳です。

3　学区校就学の意志は、就学時健康診断がはじまる11月初めには、はっきりとした形で表明しましょう。

4　交渉相手は、市町村教委の教育長一本にしぼりましょう。学校教育課長とか担当指導主事が出てきたら、〝あなたが教育長権限を代行して下さるのですね〟と、そう確認をとってから話し合いに入りましょう。

5　市町村教委が都道府県教委に、親の了解がないのに、お子さんの学齢簿の謄本を送らぬよう釘をさしておきましょう。12月いっぱいに送られてしまってからでは、運動が極めて困難になります。

以上を押さえさえすれば就学は可能です。》

Ⅱ　どう実現したか

就学相談を受けたばかりに（知的障害の栄華さんの場合）

東京都武蔵野市にお住まいの細野眞奈美《まなみ》さんから、お嬢さんの栄華《えいか》さん（ダウン症、六歳）の就学のことで「実現する会」事務所に相談の電話がはいったのは二〇一〇年2月も下旬のことだった。細野さんとしては、学区小に就学させたかった。だが、事情もご存知なく、市の「就学相談」を受けてしまった結果、意に沿わない特別支援学級のある学区外への就学通知が届いてしまったのである。

1　「就学相談」に呼び出され

昨二〇〇九年春、細野さんは栄華さんに適切な発達・機能訓練を受けさせようと、長女と二女の二人のお嬢さんとご主人を兵庫に残し、栄華さんと二人で上京した。

武蔵野市に住まいを借り、近くの幼稚園に通わせながら、定期的に専門の幼児教室で訓練を受けさせる手はずも整えた。ゆくゆくは地域の通常学級に通わせようと考えてのことである。

11月に入って、市から「就学相談」の通知が届いた。予備知識のない細野さんは、「就学相談」が親の意向を十分踏まえたうえで行われるものと思っていた。

担当者は校長を退職した年輩の女性、有沢氏。栄華さんの脳波の検査結果や知能テストの結果などを見せながら、「お子さん本人のために何がいちばんいいかを考えてください」と、親が子どものことを考えていないかのようにいうのだった。「特別支援学級をご覧になりますか」と訊くので、細野さんが乗り気でない表情をみせた。「いやですか」と問うので、「はい」と答えた。細野さんなりの意志表示をしたつもりだったが、担当者は聞こえなかったかのようにそおったらしい。

学区の小学校を見学したとき、校長、教頭の二人が待ち構えていた。校長は、「普通学級は毎日がめまぐるしくて、健常の子にとってもたいへんですよ」といいながら、またまた「本人のためを考えて」などという。まるで漁師が獲物を一箇所に追い立てる追い込み漁をほうふつとさせるやり方である。

私の経験からいっても、校長になるほどの者は、子どもの立場にたって考えるよりも、役所の行政慣習にしたがって身を処すことが習い性になっている人が多い。教委もそれが分かっているから退職校長に「就学相談」の担当をまかせているにちがいない。

細野さんは、親の意志を十分伝える機会も与えられず、やむなく特別支援学級のある学区外への就学を、いったんは承諾した。そこで二〇一〇年1月末、就学通知が手元に届いた。でも、率直に喜べない。日ましに悔いる気持ちが昂じてきたのである。

2 特別支援学級の就学通知を返送

そういう時期、「実現する会」事務所でお会いしたのであるが、細野さんの意志はすでに学区小行きに決まっていた。

そこで二日後、市教育長宛に就学通知を書留速達で返送したのである（後掲資料2）。それとともに、学区小就学の要望書を速達の内容証明郵便で送付した（後掲資料1）。

数日後、細野さんが教育支援課に電話で交渉を申し入れた。電話口にでたのは課長大平高司氏だった。日時を設定した後、課長は「ご両親とのみ話したい」といった。つまり、支援者と親を切り離そうというわけである。「教育委員会の人は信頼していませんから」ときっぱりいうと、「そこまでおっしゃるなら」と課長はひきさがったという。

私たちは3月10日夕刻、吉祥寺駅で細野さん親子と待ち合わせた。「実現する会」からは、私のほかに宮永潔さんと石川愛子さんが駆けつけた。栄華さんは旅行にでも出かけるかのように無邪気にはしゃいでいる。

交渉は、仕切りで囲われた役所内の小さな一画で行われた。教委からは、教育支援課の大平課長他一名が出席。名刺交換の後、来意を告げ、課長が教育長権限を代行することを確認してから、話し合いにはいった。勿論、交渉のねらいは、細野さんの意志表示にもとづいて学区小の就学通知を出させることにある。

細野さんに要望書を読み上げてもらってから、改めて一月末に届いた就学通知を返送した意図をかいつまんで話した。

まずは親（本来的には本人）の側に学校選択の権利があるということを教委に認めさせなければならない。そうでないと後の話が続かないのである。

「保護者の意志を尊重して就学事務が行われているとは思うが」と水を向けると、課長は、渋面を作りながら、「保護者の意志を尊重して就学事務を進めてきている。遺漏なくやってきたつもりです」と弁解に努める。「親の意志を尊重して」という建前を課長があっさり口にしてくれたので話は早かった。いまや教委もこの建前を否定できなくなってきているということなのだ。70年代や80年代とは隔世の感がある。

保護者にたいし遺憾の意を述べさせる段になると課長の口は硬かった。責任だけにこだわり、役人特有の「遺漏なく」という言葉をしきりに強調した。細野さんも黙ってはいなかった。「課長さんは担当者が親の意志をたずねたようなことをおっしゃるけれど、一度もそんなことはありません」と、教委への不信感をあらわにした。課長の表情が険しくなった。私たちは、「遺漏なく進めたというけれど、現に就学通知が返送されてきているのだから、遺漏があったのです」「保護者の意志が尊重されていればこのような失態は生じなかったはず」と、課長の責任回避論を切り崩していった。

ようやく、課長は、「保護者から就学通知が返送されてくるという事態を招いてしまったことについては、たいへん残念に思っている」と述べるに至った。私たちは、遺憾の意が示されたものとして、この発言を了解することにした。

3　学区小の就学通知を出すと確約

ここまでくると話は早かった。即座に、課長は、「近日中に保護者の意志表示にもとづいて学区小の就学通知を発送する」と、細野さんに確約したのである。

すると続けて、近々、校長と話し合ってほしいと細野さんに要望してくるではないか。私たちは就学通知が届かない段階でへたに話に乗るべきではないと判断し、「就学後の細かな相談については、就学通知が届いた後におこなう」ことを確認させた。交渉は一時間程度で終わった。

念のため、翌日、「話し合いのメモ」と題した確認書を、細野さんと実現する会の連名で内容証明郵便にて送付した（後掲資料3）。就学通知については、その9日後、支援課の職員が細野さんに直接手渡したということである。

私たちは、本紙、月刊『人権と教育』紙上において、就学指導委員会が障害児の就学先を障害の種類別、程度別に振り分ける実質上の権力機関として機能していること、また、それがあからさまな国民の「教育への権利」にたいする侵害であることを繰り返し明らかにしてきた。

権利を行使するかしないか、またそれをどういうかたちで行使するかも含めて、その選択は権利主体本人に委ねられており、行政が国民の権利行使の仕方について「指導」するなどあってはならぬことだからである。したがって、親御さんには「就学相談」を受ける義務などはなく、また、いわゆる「判定」なるものに縛られる必要は一切ないのである。

しかし、依然、行政が一方的に「学校指定」をいってくる慣習がまかり通っているのも事実である。東京都日野市の杉田佳穂さん（知的障害）の中学校進学問題でもそうであったし（月刊『人権と教育』434号掲載）、今回の細野栄華さんの学区小就学問題でも、私たちは、そうした慣習とたたかわねばならなかった。

栄華さんの学区小就学は実現した。しかし、これで万事解決というわけでは決してない。ようやく出発点に立ったということである。就学後も「親（本来的には本人）の学校選択権」をめぐるたたかいは続く。むしろこれからが正念場なのだ。

なお、学区小就学にかんする要望書と学区外の就学通知、それを返送したさいの添え書きならびに3月10日学区小就学に関する交渉メモを左に掲載します。

（山田英造『人権と教育』436号、2010年4月）

《資料》細野栄華さんの学区小就学にかんする要望書

1 蔵野市立井の頭小学校（通常学級）への就学に関する要望書

三女栄華（二〇〇四年五月二十三日生まれ、知的障害）は、昨年五月二十三日で満六歳になり、私どもには、学校教育法第一七条の規定により、栄華を「小学校又は特別支援学校の小学部に就学させる義務」が生じました。

栄華は現在、武蔵野相愛幼稚園の年長組に在籍（昨年四月転入）し、健常のお子さんたちと交ざりながら、そのなかでさまざまな刺激を受け、順調に成長してまいりました。

その様子なども考慮し、もっとも適した教育環境は、学区にあたる武蔵野市立井の頭小学校（通常学級）であると判断し、ここに娘を就学させることで「教育への権利」主体である娘本人にたいする私どもの「就学させる義務」を果たす所存です。

ところで昨年一二月十一日の就学相談において、私どもは、同市立大野田小学校の特別支援学級への就学を承諾してしまいました。しかし、これは貴教委担当者から誘導された結果やむなく行ったものであり、私どもの意志とはまったく反するものです。

昨年十一月から一二月にかけ、就学相談が行われ、そのさい、貴教委の担当者は、娘の脳波の検査結果や知能テストなどを提示して「お子さんにとって何がいちばんいいかを考えてあげてください」と繰り返しいい、選択肢が特別支援学級以外ないかのように、私どもを誘導し、同市立大野田小学校（特別支援学級）への就学の承諾をせまったものなのです。

今年一月末、同市立大野田小学校の就学通知が手元に届いてからというもの、取り返しのつかないことをしたことに、悩みに悩みました。そして、さまざまな方のご意見も伺いました。その結果、娘にもっとも適した教育環境は同市立大野田小学校（特別支援学級）ではなく、学区にあたる同市立井の頭小学校（通常学級）であると、当初、判断したことが誤りではないことを確信するに至りました。

そこで、娘の栄華を武蔵野市立井の頭小学校（通常学級）へ就学させるべく、改めてここに意志表示を行うのといっしょに、別便（書留）にて同市立大野田小学校への就学通知を返送させていただくものです。

記

一　栄華の生育暦の詳細については、すでに貴教委の担当者に話してありますので、ここでは省略いたします。昨年四月、適切な発達・機能訓練を受けさせるため上京し、現在、母親とともに現住所に生活の拠点を移し、定期的に世田谷区北沢にある幼児教室「スクールオブスクール」（小柳和久先生主宰）に娘を通わせています。同市立井の頭小学校就学後も、すくなくとも一、二年は（様子次第ではもっと延びる可能性もありますが）、訓練を受けさせて行きたいと考えております。

二　ご承知のように憲法第二十六条「教育への権利」は国民固有の権利であります。そこで、それを法源とする学校教育法では、国民が選択するべき学校の種類とその目的が定められています。例えば、第七十二条には、「特別支援学校は、視覚障害者、聴覚障害者、知的障害者、肢体不自由者又は病弱者（身体虚弱者を含む。以下同じ）に対して、幼稚園、小学校、中学校又は高等学校に準ずる教育を施すとともに、障害による学習上又は生活上の困難を克服し自立を図るために必要な知識技能を授けることを目標とする」とあります。

この条文は、単に「特別支援学校の目的」を定めたものにすぎず、就学するべき学校を義務づけているものではありません。

また、同七十五条には「第七十二条に規定する視覚障害者、聴覚障害者、知的障害者、肢体不自由者又は病弱者の障害の程度は、政令でこれを定める」とあり、これが学校教育法施行令二十二条の三「視覚障害者等の障害の程度」として、「表」にまとめられています。

しかし、これも特別支援学校が対象とする障害の種類と程度を示しただけのものであって、この「表」の障害の程度に当てはまる児童・生徒は、必ず特別支援学校に就学しなければならないという定めではありません。

これは「教育への権利」が国民にあることからいって当然のことです。また、教育が他人に譲ることのできない権利であることからいって、就学が教育委員会によって「許可」されるとか、認めてもらうというような性質のものではないのは、改めて私どもが申すまでもないことでしょう。

現在、各市町村教育委員会には諮問機関として「就学指導委員会」が設置されているようですが、同委員会の「指導・助言」は法律上、なんら国民を拘束するものではなく、それを受ける義務は親にはありません。

また、いわゆる就学指導委員会の「判定」なるものが、親の考えを縛ることはできません。行政が国民の権利の行使の仕方を「指導する」などということがあってはならないことだからです。
三　ご承知のように、今日、個の多様性を前提に障害のあるなしにかかわらず、すべての子どもが地域の学校の同じ教室で共に学び、生活するというインクルージョンの考えが世界的にも他人に譲ることのできない、障害児本人の「教育への権利」となってきています。
一九七〇年代後半から八〇年代にかけて、統合教育を推進するため、アメリカ合衆国やイギリス、イタリア等では制度上の改革が行われてきました。そのような背景のもとに、一九八九年、「子どもの権利条約」が国連で採択されました。日本では一九九四年にこれを批准しています。

この条約は、障害児への教育サービスについては、「可能な限り全面的な社会的統合、ならびに、文化的及び精神的発達を含む個人の発達を達成することに貢献する仕方」で行われなければならないと定めています。

つまり、統合教育が子どものかけがえのない「教育への権利」であると国際条約で明文化されたわけです。国際条約は憲法の下位ではあっても、その他の国内法に対しては上位に位置するものです。日本国憲法第九十八条の定めにもあるように、右条文の建前は、「これを誠実に遵守することを必要とする」ものの一つであるのは明らかです。

さらに、一九九四年、スペインのサラマンカで開催された「特別ニーズ教育に関する世界会議」において採択された「サラマンカ宣言」において、前述のようなインクルージョンの原則が「教育への権利」として、はっきりと打ち出されるにいたりました。

私どもは、右に述べたインクルージョンの考えに立って、子ども時代の多くをすごす地域の学校で共に過ごし、共に成長することが、娘の成長にとって必要不可欠な条件であると考えるものです。

付記

本要望書は、私どももその会員である「障害者の教育権を実現する会」全国事務局（埼玉県さいたま市常盤九ノ十ノ一三　ライオンズマンション浦和常盤二〇四）と相談のもとに文書化されたものであり、全面的な支援をいただいているものです。

また、本文書は必要に応じて公開されるものであることを申し添えます。

二〇一〇年二月二四日

住所（略）

細野眞奈美　㊞
細野　友克　㊞

住所（略）
武蔵野市教育委員会
教育長　山上　美弘殿

2　学区外の小学校の就学通知と、それを返送したさいの添え書

前略
三女栄華の就学先については、別便の要望書に認めました。
同封の就学通知は私どもの意志と異なりますので返送します。
草々

住所（略）
細野眞奈美　㊞

武蔵野市教育委員会
教育長　山上　美弘様

3　細野栄華の武蔵野市立井の頭小学校就学に関する話し合いメモ

本年三月十日、細野栄華の保護者細野眞奈美ならびに障害者の教育権を実現する会事務局総務山田英造、同就学教育相談室長宮永潔、同事務局員石川愛子と、貴教委教育部教育支援課長大平高司、他一名との間に話し合いを持ちました。以下、双方において了解したことを左に列

郵便はがき

武蔵野支店
料金別納
郵便

180－0004

武蔵野市

細野　眞奈美　様

入学通知書

指定学校及び、入学式（最初の登校日）は次のとおりです。

通知書番号	06　－　702
入学児童名	細野　栄華　様
指定学校	武蔵野市立大野田小学校 ☎51－0511
入学期日	平成22年4月1日

入学式

平成22年4月6日（火）
受付　　午前　9時50分　～　午前10時15分
開式　　午前10時30分

記します。

記

一　貴教委からは、「保護者の意志を尊重して就学事務を進める」との発言があった。

二　本年一月末、保護者に武蔵野市立大野田小学校の就学通知が届いた。しかし、これは貴教委担当者から誘導された結果やむなく承諾してしまったものであり、保護者の意志とはまったく反するものであった。そこで、保護者は二月二四日付け書留速達で貴教委教育長宛にこれを返送した。この件について、保護者からは、就学相談の過程で意志を確かめられたことはなかったとして、貴教委の就学事務の進め方について不信感が表明された。

これについて、貴教委としては、担当者が保護者の意志を聞きながら遺漏のないように就学相談を進めてきているものと思っていた。しかし、保護者から就学通知が返送されてくるという事態を招いてしまったことについては、たいへん残念に思っているとの発言があった。

私たちは、貴教委から保護者に遺憾の意が示されたものとして、この発言を了解する。

三　貴教委からは、近日中に、保護者の意志表示にもとづいて武蔵野市立井の頭小学校の就学通知を発送するとの確約がなされた。

四　就学後の細かな相談については、就学通知が届いて後、井の頭小学校長との間で行うことを双方で確認した。

なお、右の了解事項について異議があれば書面にてお知らせ願います。

二〇一〇年三月十一日

住所（略）

細野眞奈美　㊞

細野　友克　㊞

住所（略）

障害者の教育権を実現する会

事務局総務　山田英造　㊞

住所（略）

武蔵野市教育委員会

教育長　山上　美弘殿

（『人権と教育』436号、2010年4月）

車椅子のゆりなさん、校長は、校内生活での配慮を約束

長野県茅野市にお住まいのパジェ・ロベルト・カルロスさんと小池有子さんご夫妻は、一人っ子の優李奈さん（脳性麻痺、車椅子使用、以下、「ゆりなさん」とする）の学区小就学につ

いて、昨秋から茅野市教委と交渉を重ねてきていたが、本年（２０１２年）２月はじめ、就学が確定した。

ゆりなさんは、座ったり、寝返りをうったり、立ったりすることができない。室内では専用の歩行器を用い、室外では車椅子を使用。上肢にも障害がみられ、文字を書くなどの細かな作業はいまのところむずかしい。現在、機能回復のリハビリに通っている。また、未熟児網膜症の治療の後遺症による弱視もあるが、このほうはメガネである程度視力が矯正できている。

「地域の健常の子とかかわらせてやりたい」。お母さんはそう考えて、３歳時から彼女を公立保育所に通わせたところ、ゆりなさんは、健常児たちと交わるなかで言葉をどんどん吸収していった。お母さんは、その姿をみて、「学齢に達したら、特別支援学校ではなく地域の小学校へ就学させたい」と考えたのである。

1 「就学通知」の件で校長から電話

昨２０１１年11月17日、ご両親名義の「障害ある娘の学区小就学に関する要望書」が市教育長宛に送付（内容証明郵便）され、同月25日、市教委交渉がもたれた。ふつう、障害児の学齢簿の謄本（写し）は、就学年の前年12月に県に送られ、そこから特別支援学校への就学通知が来るのであるが、しかし、教委側は、その席で、親の承諾を得ないで県に送らないと約束したのである。その後、「就学指導」に呼びだされることもなく、年が明ける。後は地域校への「就学通知」が届くのを待つだけとなった。

その通知が届かないので、やきもきしているところへ、2月9日、学区小の校長から電話が入った。「通知のほうは全てこちらのほうに届いていて、ゆりなさんの名前の分もあります。他の方はこれから郵送になりますが、ゆりなさんには直接手渡したい」。校長はそういうのである。口調は穏やかだった。

ここで急いで「就学通知」についての校長の誤認を正しておきたい。この通知は、本来、これこれの期日に、これこれの学校に子どもを就学させることによって「就学させる義務」を果たしなさいと、親にたいしてその義務の履行を督促するものなのである。したがって、この通知は子ども本人宛に届くわけではなく、本来、その宛先は親以外でないはずなのだ。話をもどす。

お母さんとしても、校長から話したいといわれるまでもなく、学区小への就学が確定したら、介助員の配置の件も含め校内生活での配慮について校長に要望したいと考えていた。そこで、2月20日に学校に出むくことを了承した。

とはいえ、「就学通知を直接手渡したい」という校長の意図が読めない。昨秋の教委交渉では、学校生活で母親の手をあてにしているような雰囲気も垣間見られたので、「親の介助が就学の条件」などといいだす可能性がないともいえない。もちろん、教育を受けることが権利である以上、そんなばかげたことがあってはならないのである。だが、そういう事態も予想しておかなければならない。

2　校内生活の配慮を求める要望書を提出

2月15日、ご両親名義の「小池優李奈の学習権保障についての要望書」（後掲）が、こんどは校長宛に郵送された（配達証明付き郵便）。それの要点部分のみ紹介しておきたい。冒頭で用件のおもむきが次のように簡潔に述べられている。

《さる二月九日、貴職と直接電話でお話し、こまやかなお心遣いに安堵いたしました。

さて、長女の優李奈（二〇〇五年三月二六日生れ、脳性麻痺、車椅子使用）は、この四月から茅野市立宮川小学校に就学します。娘は脳性麻痺による四肢の機能障害を負っていますので、健常のお子さんとは異なる配慮を必要とする場合もあります。

つきましては、娘の学習する権利を保障していくことを目的に、学校教育の監督責任者である貴職にたいし、ここに文書をもってその必要な配慮について要望するものです。》

そして、「記」として、ゆりなさん本人の紹介をかねて、みどりが丘保育園での生活の様子と、学区小就学の法律論的根拠が述べられる。次に必要な配慮や援助について要望事項が列記される。すこし長くなるが、参考のためその部分を紹介しておく。

《さて、以上申し述べたことを前提にして、以下、私どもの要望する障害に対する必要な配慮について述べます。

1　登下校につきましては、私どもの責任において行います。それ以外の、学校における給食指導や、トイレ、教室移動等の介助につきましては、当然のことながら、学校の責任において行っていただきます。

さらに、教育課程として位置づけられている遠足や校外学習、あるいは体育の授業として位置づけられている水泳指導などのさいの介助につきましても、当然のことながら、学校の責任においてなされるべきものと考えます。それに、親が家庭から学校まで四六時中、本人につきっきりというのは、本人の自律を促すどころか、かえってそれを妨げかねないものと考えます。

2　娘は室外の移動には車椅子を用いています。しかし、車椅子にかぎらず、長時間、座席に坐らせておくのは望ましいことではありません。この年齢の子どもたちは、できることなら体を動かしたくてたまらないはずです。優李奈も同じです。障害ゆえに体が思いどおりに動かせないのですから、じっとしたままの状態は、拘束感や疲労感を本人に与えかねません。それに、機能の障害を重くするおそれもでてきます。そこで、時折、体の位置を変えるなどのことをしてくださるようお願いします。また、校舎内での移動は、歩行器を使用した移動や、介助歩行をさせていただくなど、できるだけ体を使わせるようご配慮を宜しくお願いします。

３　娘は、上肢にも障害があるため、鉛筆で文字を書くなど、細かな作業が困難です。そのため、現在、定期的（週に一回）に機能訓練に通っていますが、その機能訓練士や、担任の先生とも相談もして、やり方などを工夫しながらの参加になります。本人の出来る範囲で、クラスのみなさんと同等に取り組ませてくださるようお願いします。》

３　校長、介助員の配置や障害への配慮を約束

いっぽう、ゆりなさんは次のような特別の事情も抱えている。それは一歳時から、リハビリのため、信濃医療福祉センターに定期的に母子入所してきていることである。お母さんとしては、小学校就学後も、年一、二回、二～五週間程度、入所訓練を受けさせてやりたいと考えている。そこで、そのことについての配慮も、この要望書で求めた。

《（前略）できるだけ、夏休みや冬休みなど、長い休みに重なるように予定を組みたいとは思っていますが、予約が取りにくいため、学校を休まざるをえないことがあるかもしれませんので、あらかじめお知らせしておきます。

また、入所期間が長引く場合、併設されている花田養護学校にその期間だけ転校する措置をとっている児童も多いと聞きます。転校しないと、聴講生という形になるので、丸一日通うことが出来ないそうなのです。その期間だけ途中転校も考えたいと思いますが、貴職におかれて

は宜しくご高配のほど、お願いします。》

さて、2月20日の校長との面談で、お母さんが、「要望書を読んでいただきましたか」とたずねたところ、校長はこう答えた。

「驚きましたが、良く読ませていただきました。学校の責任においてというのは、確かにその通りだと思います。書かれている内容については、ご要望に沿えるようにします」。

そして、介助員の配置についても、「終日配置の方向で考えている」と回答した。また、「専用の机を用意してほしい」という要望についても、「入学後に検討したい」と前向きな答えが返ってきた。さらに、要望書にもあるように、母子入所する必要から、養護学校への一時的転籍もふくめて「施設から戻ってきたときはまた同じ状況で対応してもらいたい」とお母さんが話すと、校長は快くこれを了解した。

お母さんには、当初、この要望書を校長に送ることについてためらいがあった。もちろん、校内生活の配慮等を求める要望は、ゆりなさんの学ぶ権利を保障していくためのものであるので、親のエゴにもとづく勝手な言い分などとは違って比べ物にもならない。校長は、そのことを理解し、要望書が手元に届くや、市や特別支援学校と連絡をとり、誠実に対処してくれたらしいのである。もし、この要望書を送っていなかったら、事はこうもスムーズに運ばなかったにちがいない。「要望書を送っておいて正解だった」。お母さんはあらためて権利行使の正当性

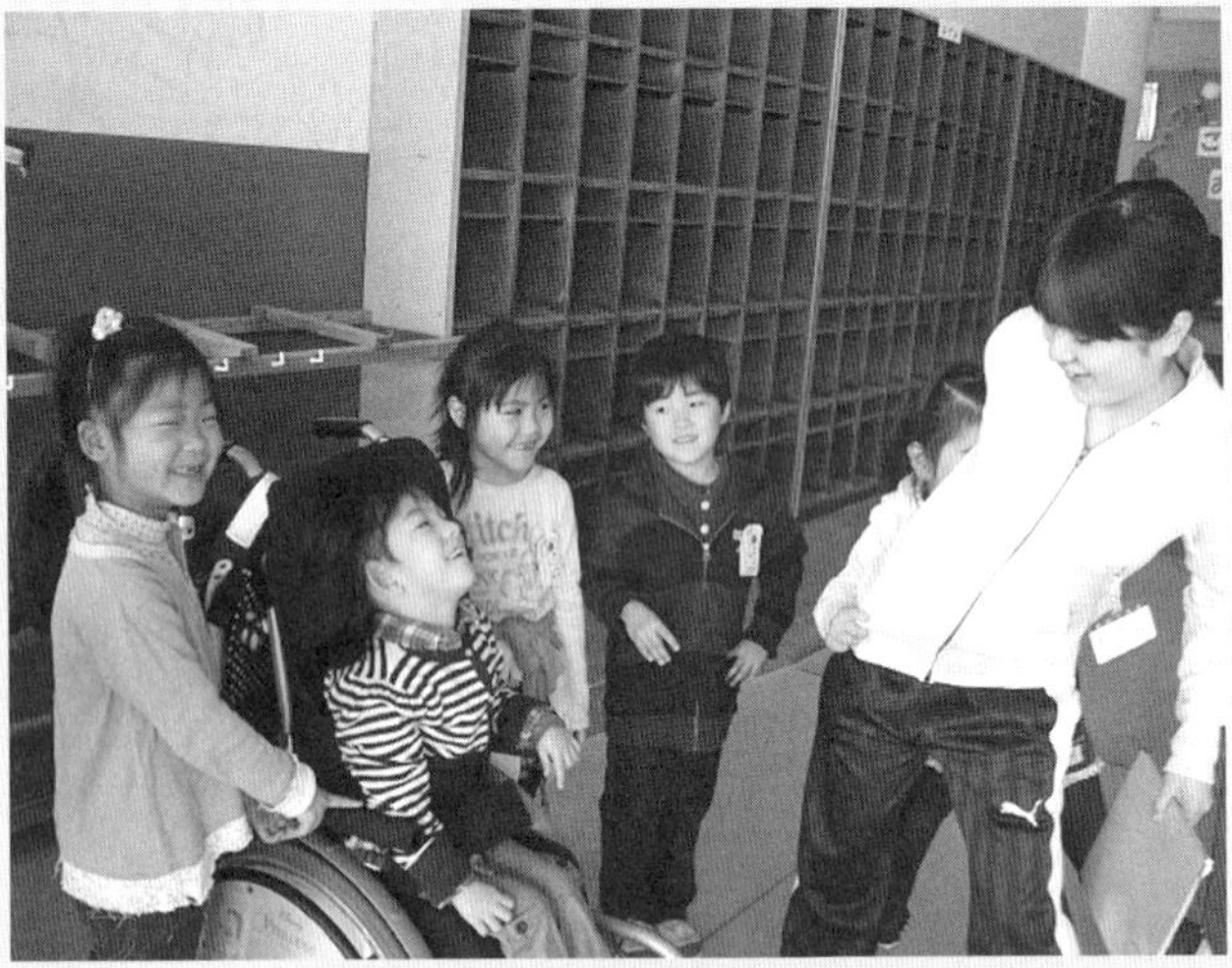

友だちに囲まれる小池ゆりなさん

運動会、友だちといっしょに並んだ小池ゆりなさん

に立脚した主張の大切さを実感したということである。

以上は一つの例である。しかし、障害児の権利行使代行者として親の責任を果たすうえでの細やかな手だての必要と、次々に打つべき対策として大いに参考になるので、いささか長いレポートになったがご了解願いたい。

註　就学問題の参考文献として『マニュアル障害児の学校選択』、『マニュアル障害児が普通学級に入ったら読む本』があります。いずれも社会評論社刊、頒価２０００円。

（山田英造『人権と教育』４５５号、２０１２年３月）

《資料》小池優李奈さんの学習権保障についての要望書

さる二月九日、貴職と直接電話でお話し、こまやかなお心遣いに安堵いたしました。

さて、長女の優李奈（二〇〇五年三月二六日生れ、脳性麻痺、車椅子使用）は、この四月から茅野市立宮川小学校に就学します。娘は脳性麻痺による四肢の機能障害を負っていますので、健常のお子さんとは異なる配慮を必要とする場合もあります。

つきましては、娘の学習する権利を保障していくことを目的に、学校教育の監督責任者である貴職にたいし、ここに文書をもってその必要な配慮について要望するものです。

記

一　はじめに、娘を地域の小学校（通常学級）に就学させるに至った私どもの考えについて簡単に述べます。併せて、娘が通うみどりが丘保育園での様子についても簡単に紹介します。先生方の教育指導の参考にしていただけば幸いです。

さて、娘は一歳から市の通園施設に、また二歳からは地域の通園施設に通いました。私どもは、この三年間の生活をとおして、健常のお子さんとのかかわりが娘の成長にとってきわめて大切であると考えるに至りました。そこで、四歳から公立の中央保育園に通園させた次第です。ところが、昨年（二〇一一年）二月、股関節の手術を受けることになり、しかも半年間のリハビリ入院をする必要から、ここを中途で退園するとともに、一年間の「就学義務猶予」を行いました。

半年を経て退院後、集団生活を継続的に体験させていきたいと考えまして、八月から、私宅から比較的近い、学区内にある公立のみどりヶ丘保育園に娘を入園させました。そのさい、行政の配慮で加配の先生が一名、娘に付き添うことになりました。

娘は、座位、寝返り、立位などはできず、ふだんは車椅子などを使用しています。股関節の手術をしてからは立つことが楽になりましたので、介助歩行の訓練もできるようになりました。下肢にくわえて上肢にも障害がありますので、物を持つ、つかむことは一応できるのですが、ペンをもって文字を書くなど、細かな作業はまだできるようになってはいません。

屋外の移動には、車椅子を使用しているのですが、室内では専用の歩行器を用いて動き回っています。ある日、娘が乗っている歩行器が壁にぶつかったのを見かけた保護者の方が、歩行器の向きを変えようとしてくれました。すると、その方のお子さんが、「ゆりちゃんは自分で動かせるから手をださなくても大丈夫だよ」と、お母さんに声をかけてくれたのです。このように、園の子どもたちには障害にたいする偏見など微塵もなく、同じ園の友だちの一人として娘を受け止めてくれているのです。私どもは、これも園の先生方のご指導のたまものと考えています。

娘のコミュニケーション能力の発達にもめざましいものが認められます。保育園に入る前は単語程度しか話せませんでしたが、いまではスムーズに会話ができるようになっています。これも保育園での健常児との共生関係による影響が大きいものと考えています。

昨年（二〇一一年）の運動会では、娘は、先生に介助してもらいながら、自分の足で歩いてかけっこに参加したり、リレーでは、介助歩行でお友だち四人にバトンを渡す役を受け持ったりしました。

もちろん、四肢に障害があるのでみんなと同じ行動ができないこともあります。しかし、みんなと一緒に行動できるようにと、先生やお友だちがさまざまに参加の仕方を工夫してくれているのです。

娘はこれから先も地域で生きていきます。それゆえ、地域の子どもたちと一緒の学校で生活し学ぶことは、娘の成長にとって欠かせない条件の一つであると、私どもは考える次第です。

二　一般に、「盲児は盲学校へ、聾児は聾学校へ」という偏見があるように聞きます。しかし、ご承知のように、日本国憲法二六条の「教育を受ける権利」は国民固有の権利です。権利と義務は近代社会においてワンセットの規範であり、義務がその履行を義務的に果たさせられるのにたいし、権利は行使するもしないも、またこれをどういう形で行使するかもふくめて権利主体の選択にゆだねられています。つまり、権利とは選択的だということです。したがって、「教育を受ける権利」とは、そもそも、就学先を選択する権利をふくんでいるものなのです。

ご承知のように、学校教育法七二条には、「特別支援学校は、視覚障害者、聴覚障害者、知的障害者、肢体不自由者又は病弱者（身体虚弱者を含む。以下同じ）に対して、幼稚園、小学校、中学校又は高等学校に準ずる教育を施すとともに、障害による学習上又は生活上の困難を克服し自立を図るために必要な知識技能を授けることを目的とする」とあります。

しかし、この条文は「特別支援学校の目的」を明記したものにすぎず、障害児はかならず特別支援学校に就学しなければならないなどというふうに、就学するべき学校を義務づけたものではありません。

これもご承知のように、昨年七月、障害者基本法が「一部改正」されました。その教育条項（一六条）において、「障害者である児童及び生徒が障害者でない児童及び生徒とともに教育を受けられるよう配慮」するよう行政に義務付けています。すなわち、障害のある子もそうでない子も地域の学校で共に生活し、共に学ぶことが、全ての子どもたちの権利であることが、ようやく、法律上明文化されたということなのです。

さて、日本国憲法は、国民の「教育を受ける権利」を具体的に保障していくために、第一に保護者の側に「就学させる義務」を負わせています。つまり、それは、権利の主体である子ども本人に代わって、親がその権利を行使する義務があるからです。

第二に、行政にたいしては、その地域の子どもたち一人ひとりの学ぶ権利を満足させるための人的、物的教育資源を整える義務を課しています。先ほども申しました学校教育法三八条の学校設置義務がそれです。

したがって、学校生活における娘の障害にたいする必要な配慮や援助は、行政もしくは学校側の責任においてなされるべきことなのです。

三　さて、以上申し述べたことを前提にして、以下、私どもの要望する障害に対する必要な配慮について述べます。

1　登下校につきましては、私どもの責任において行います。それ以外の、学校における給食指導や、トイレ、教室移動等の介助につきましては、当然のことながら、学校の責任において行っていただきます。

さらに、教育課程として位置づけられている遠足や校外学習、あるいは体育の授業として位置づけられている水泳指導などのさいの介助につきましても、当然のことながら、学校の責任においてなされるべきものと考えます。それに、親が家庭から学校まで四六時中、本人につきっきりというのは、本人の自律を促すどころか、かえってそれを妨げかねないものと考えます。
2　娘は室外の移動には車椅子を用いています。しかし、車椅子にかぎらず、長時間、座席に坐らせておくのは望ましいことではないのです。この年齢の子どもたちは、できることなら体を動かしたくてたまらないはずです。優李奈も同じです。障害ゆえに体が思いどおりに動かせないのですから、じっとしたままの状態は、拘束感や疲労感を本人に与えかねません。それに、機能の障害を重くするおそれもでてきます。そこで、時折、体の位置を変えるなどのことをしてくださるようお願いします。
また、校舎内での移動は、歩行器を使用した移動や、介助歩行をさせていただくなど、できるだけ体を使わせるようご配慮を宜しくお願いします。
3　娘は、上肢にも障害があるため、鉛筆で文字を書くなど、細かな作業が困難です。そのため、現在、定期的（週に一回）に機能訓練に通っていますが、その機能訓練士や、担任の先生とも相談もして、やり方などを工夫しながらの参加になります。本人の出来る範囲で、クラスのみなさんと同等に取り組ませてくださるようお願いします。
4　これ以外の細かなことについては、適宜、担任の先生に直接お伝えしたいと考えています。貴職におかれては、娘の学習する権利についてじゅうぶんご配意いただき、健常の子どもたちと共に学び、共に過ごしながら、等しく成長していけるよう応分のご配慮をお願いするものです。

付　記

娘は一歳の時から、リハビリのため、信濃医療福祉センターに定期的に母子入所しています。昨年（二〇一一年）二月手術を行いましたが、その後、五か月間入院したのも同じところです。平日はセンター内の母子棟で集団生活をしながらリハビリを受けたり自主訓練をしたりし、週末には自宅に戻ります。

これまでは、二か月前後の長期入所を年一、二回していました。しかし、小学校に就学すればそれも難しいとは思いますが、それでも低学年の間は、年一、二回、二～五週間程度の入所をさせて訓練を受けさせてやりたいと考えています。

できるだけ、夏休みや冬休みなど、長い休みに重なるように予定を組みたいとは思っていますが、予約が取りにくいため、学校を休まざるをえないことがあるかもしれませんので、あらかじめお知らせしておきます。

また、入所期間が長引く場合、併設されている花田養護学校にその期間だけ転校する措置をとっている児童も多いと聞きます。転校しないと、聴講生という形になるので、丸一日通うことが出来ないそうなのです。その期間だけ途中転校も考えたいと思いますが、貴職におかれては宜しくご高配のほど、お願いします。

二〇一二年二月十五日

バジェ・ロベルト・カルロス
小池有子

茅野市立宮川小学校
校長　上條　高美殿

「就学義務猶予」は権利代行者たる親の権利だ（ダウン症の高橋依吹くんの場合）

静岡県三島市にお住まいの高橋則和さんと文子さんは、二男の依吹くん（ダウン症、以下、「いぶきくん」と仮名書きする）が昨年（２０１１年）学齢に達しながらも、著しい発達の遅れが認められることから、同君の就学を一年見合わせることを決断し、同年末、市教育長宛、文書で就学義務猶予の申し入れを行なった。

ところで、「就学猶予」と言う人をよく見受けるが、正しくは「就学義務猶予」なのである。どういうことか。そもそも「教育を受ける権利」の主体は、子ども本人であり、親は、子どもにたいして「就学義務」を負うという関係にある。その義務を果たすために、保護者である親は、子どもの状態を総合的に判断して教育機関を選択し、子どもに代わってその権利を行使することになる。つまり、親は、子どもの権利代行者なのである。

だから、もし、子どもが「病弱、発育不完全その他のやむを得ない事由のため、就学困難」であると親が判断した場合、その権利行使を一時見合わせる必要がでてくる。これが学校教育法18条「就学義務猶予」の本旨なのである。

1 この子を守っていこうと決意

いぶきくんがダウン症（21トリソミー）とわかったのは、生まれてから3週間後のことだった。担当医は、検査結果を告げた後、「体力がないため、感染症にかかりやすいですが、兄弟同じように愛情をもって育ててあげてください」と話した。そして、その日、夫妻は「親として、この子をしっかり守っていこう」と話し合ったのである。

早期療育が必要だということもわかった。そこで市の障害児教室が主催する赤ちゃん体操に参加するなど、積極的に同君を外へ連れ出すこともした。地域のダウン症児の親の会である「ゆずり葉」の会にも入会し、図書館やインターネットを通じて、子育ての情報を必死で入手することにも努めたのである。

家の近所にダウン症児をそだてている方がいると教わり、さっそく私宅に伺った。野村ゆかりさんといい、一年就学義務猶予をしたうえで、お子さん（男児）を地域の通常学級に就学させている方だった。文子さんは、話を聞きながら、「地域でこの子の命をはぐくんで行こう」

とあらためて思った。

いぶきくんは、3歳の時、私立の桜ヶ丘幼稚園に入園した。お兄ちゃんも通った園だった。同君は、周りの健常児からいろんなことを学んでいった。そして、見よう見まねで挑戦し、鉄棒の前回りもできるようになって、ご両親をおどろかせた。この頃は、二語文も話せるようになった。しかし、いかんせん、音韻が不鮮明なので、慣れないと聴き取りづらい。それでも、園のお友だちとは、会話がなんとなく成立しているのである。

学齢が近づくにつれ、ご両親の悩みは深まった。学区の小学校といっても、家から遠く、片道、同君が早歩きしても45分程度はかかる。体力も心配だし、衣服の着脱にも時間がかかる。小学校のスタートが楽しく迎えられるよう、余裕が欲しい。一年就学義務猶予をする以外にない。そう両親で話し合って、昨年6月、三島市教育委員会の学校教育課をたずねた。野村さんからは「交渉は秋にしたほうがいい」といわれていたのだが、一頃とはちがい教育委員会の姿勢も柔軟になってきて、すんなりと受け付けてくれるのではと思った。ところがその淡い期待は裏切られたのである。

2　教委、「就学義務猶予」を躊躇

応対したのは指導主事の入野《いりの》氏だった。親の意志を伝えると、この指導主事は、「制度的に認めるのは、難しいですが、本当に子どもにとって何がいいか、第三者の意見を取り入れ相談を重ねながら、ゆっくりじっくり決めていきます」という。話はすんなり決まりそうにもない。なんだかこの先が思いやられる。

就学義務猶予を申し入れるさいに医師の診断書を提出する必要があると聞いていたので、2週間後の同月下旬、主治医に依頼して診断書を書いてもらった。

数日後、教委にでかけると、入野氏の提案で支援学級の教員と面談することになり、その教員とは、子育ての話を交わした。その後、こんどは特別支援学級や特別支援学校の見学を勧められた。すでに見学していたので、そのことを伝えると、学区の小学校と隣接学区にある特別支援学級を見学する約束をさせられた。

その後、秋口にかけて沼津特別支援学校を見学させられるなど、学校見学やら教委との面談やらで、気の休まらない日々を送ることになった。その頃になって、ようやく、文子さんは、「最初から教育委員会のレールができていて、そこに親を乗せようとしているにすぎないのだ。早くスタートしたところで、辛い時期が長く続いただけにすぎなかった」ことに気づかされる。

そして、これ以上、教委にあのこうのといわれないようにしようと、親の意志表示を明確に行うべく、2011年12月16日、市教育長宛、文書で「就学義務猶予の申し入れ書」を送付(内容証明郵便、後掲資料1)した。別便で主治医の診断書を郵送(配達証明)もした。

3　添付書類をめぐる教委の頓珍漢ぶり

それから十日後の同月26日、教委の入野氏から私宅に電話が入った。「申し入れ書を検討した結果、診断書が不足というか、お願いがあります」として、二点伝えてきた。

一つ目は、診断書の記載年月日の年号が違っているということだった。二つ目は、添付書類の件についてであった。入野氏は、「今後のために、専門家として具体的な証明をするものが欲しい」と、主治医の診断書のほかに、新たに「専門家」の「事由を証するに足る書類」を提出するよう求めてきた。

そのさい、同氏は、「保護者としての権利行使なので否定できないが、認めていくうえで書類を揃えてほしい」としたうえで、その根拠として、学校教育法施行規則34条中「当該市町村の教育委員会の指定する医師その他の者の証明書等その事由を証するに足る書類を添えなければならない」という文言をあげた。

夫妻で検討して後日、こちらから連絡することにした。

あらためて同施行規則を読み直してみた。しかし、いくら読んでみても、主治医の診断書のほかに、新たに「専門家」の書類を提出する義務が親の側にあるとは読めない。なぜなら、「その他の者」とは、「教委の指定する以外の医師」、つまり、「主治医を含むその他の専門家等」を指すものとしか読む以外に読みようがないからである。

入野氏は、どうもここのくだりを、「当該市町村の教育委員会の指定する医師」の他に「その他の専門家」の証明書をも添付しなければならないと読んでいるようである。だが、どう逆立ちしても、そのようには読めない。どうも役人というのは、おのれの責任を問われないようにするため、書類を集めたがるようである。

親以外に、子どもの発育状態を比較的よく把握しているのは主治医以外でないのは、ちょっと考えてみれば分かることではないか。だから、実現する会が把握しているところでも、ほぼどの市町村も、主治医の診断書をもって「事由を証するに足る書類」として受け付けている。勿論、こうした対応はその場しのぎといったものではなく、法理上正当なものだからである。

同月10日、ご両親は、市教育長宛、「『就学義務猶予』の申し入れ書に添付する『事由を証するに足る書類』についての私どもの見解」という文書を送付（内容証明、後掲資料2）し、あわせて別便で年号を訂正した診断書を郵送した（配達証明）。「就学義務猶予」は親の正当な権利であるので、「実現する会」としても全面的に支援していきたい。しかし、この文章が活字化され読者の手元に届く頃には多分、結論はでているはずであるので、皆さんお見守り願いたい。

（山田英造『人権と教育』454号、2012年2月）

《資料》高橋依吹くんの就学義務猶予の申し入れ書

1　就学義務猶予の申し入れ書

二男の依吹（「いぶき」と読む、2005年5月28日生れ）は、本年5月をもって満6歳に達しました。そこで、保護者である私どもには、学校教育法第17条の定めにより、息子を「小学校又は特別支援学校の小学部に就学させる義務」が生じます。

しかし、現在、息子（ダウン症）には、身体の発育および機能面において著しい発達の遅れが認められることから、生後からずっと療育指導をして下さっている主治医の先生とも相談し、かつ、夫婦で熟慮を重ねた結果、ここに1年間の就学義務猶予の申し入れを行う所存です。

記

1　依吹は順天堂大学医学部附属静岡病院産婦人科で生まれ、その三週間後、同小児外科にてダウン症（トリソミー21）との診断を受けました。

生後間もない頃から三島市の保健センターで療育面での相談を行うのとあわせ、「たんぽぽ教室」にも通いました。また、地域のダウン症児の親の会「ゆずり葉」にも参加し、その活動を通じて親としてもさまざまなことを勉強しました。

2008年7月から、モンテッソーリ教育を取り入れた桜が丘幼稚園に通園しています。現在は、一歳下の年中クラスに入って、健常の子どもたちからさまざまな刺激を体いっぱい受けとめながら、多くのことを学び、この子なりに成長しているように見受けられます。

しかしながら、健常の子どもたちと比べて、身体の発育および機能面において著しい発達の遅れが認められることから、月1回、ポーテジプログラム（身辺自立、社会性、認知、言語、運動を細かく発達段階に分け一人ひとりの子どもの発達に応じたアプローチをする個別療育指導）による指導を受けながら、家庭でもこれを継続的に行っているところです。また、作業療法、言語療法を受けるため、月数回、伊豆医療福祉センターに通ってもいます。

このような環境のもとで、もう一年間、この子なりのペースで成長させてやるのが、いまもっとも望ましい選択であると、「第一次的養育責任者」として私どもは、判断した次第です。

2　ご承知のように、保護者の「就学義務の猶予又は免除」については学校教育法18条で定められ、また、その手続き面については同法施行規則34条に明らかです。

端的に申しますと、「教育を受ける権利」の主体は子ども本人です。そして、その保護者である親は、子どもの状態を総合的に判断して教育機関を選択し、子どもに代わってその権利を行使することになります。親の「就学させる義務」とは、こういうことをいうわけです。もし、子どもが「病弱、発育不完全その他のやむを得ない事由のため、就学困難」であると親が判断した場合、その権利行使を一時見合わせる必要がでてきます。これが学校教育法18条にある「就学義務猶予」ということです。したがって、この「就学義務猶予」に関する定めは、保護者の権利規定であるのは明らかといえましょう。

繰り返しになりますが、子どもが学齢に達しながらも、「病弱、発育不完全その他やむ得ない事由」のため、就学させるのが困難であると保護者が判断した場合、「医師その他の者の証明書等その事由を証するに足る書類」を添えて「就学義務の猶予」を願い出たときは、貴職におかれては、これを保護者の正当な権利行使として受理しなければなりません。

現在の依吹の生育状態は、学校教育法18条で定められている要件を充足しているものと考えますので、ここに、主治医の診断書、及び当該文書をもって、一年間の「就学させる義務」の猶予を申し入れる次第です。

付　記

一　現在、教育委員会の諮問機関として「就学指導委員会」が設置されているようです。しかし、この委員会の「指導・助言」は法律上、なんら国民を拘束するものではなく、また、それを受ける法律上の義務は私どもには一切ありません。また、いわゆる「就学指導委員会の判定」なるものが、親の考えを縛ることができないのは申すまでもないことでしょう。

二　貴職におかれては、親の承諾を得ずして、依吹の学齢簿の謄本を県教育委員会に一方的に送ることのないようご留意願います。

三　本文書は、わたしどももその会員である「障害者の教育権を実現する会」全国事務局（埼玉県さいたま市浦和区常盤九－十－十三　ライオンズマンション浦和常盤二〇四号）と相談のもとに文書化されたものです。

２０１１年12月19日

住所（略）
高橋則和 ㊞
高橋文子 ㊞

住所（略）
三島市教育委員会
教育長　川村　晃殿

2 「就学義務猶予」の申し入れに添付する「事由を証するに足る書類」についての私どもの見解

ご承知のように、昨年二〇一一年十二月十五日付、貴職宛に「就学義務猶予の申し入れ書」とあわせ、別便で主治医の診断書を送付したところ、同月二十六日、貴教委の入野氏より「申し入れ書を受け取り検討した結果、診断書が不足というか、お願いがあります」という連絡を受けました。それは以下の二点でした。

まず、一つ目の、診断書の記載年月日の年号が間違っている点につきましては、年明け早々、主治医に連絡をとり、本年一月十日付、年号を訂正した診断書を別便で貴職宛に送付しました。

さて、二つ目の、添付書類の不足の件についてですが、入野氏は、「今後のために、専門家として具体的な証明をするものが欲しい」と、主治医の診断書のほかに、新たに「専門家」の「事由を証するに足る書類」を提出するよう求めました。

その際、同氏は、「保護者としての権利行使なので否定できないが、認めていくうえで書類を揃えて欲しい」としたうえで、学校教育法施行規則34条中「当該市町村の教育委員会の指定する医師その他の者の証明書等その事由を証するに足る書類を添えなければならない」という文言をその根拠にあげました。

しかしながら、前記文言をいくら読んでも、主治医の診断書のほかに、新たに「専門家」の書類を提出する義務が当方にあるとは決して読めません。

なぜなら、「当該市町村の教育委員会の指定する医師その他の者の証明書等」という文言は、「当該市町村の教育委員会の指定する医師」もしくは「その他の者」が発行する「証明書等」としか読みようがないからです。すなわち、「その他の者」とは教委の指定する以外の医師、つまり、主治医を含むその他の専門家等を指すものと読む以外に読みようがありません。

入野氏は、ここのくだりを、「当該市町村の教育委員会の指定する医師」の他に「その他の専門家」の証明書等をも添付しなければならないものと読んでいるようですが、しかし、どう逆立ちしても、そのようには読めません。

ちょっと考えてみれば分かることですが、親以外に、子どもの発育状態を比較的よく把握しているのは主治医以外でないといえましょう。ですから、私どもが所属する障害者の教育権を実現する会が把握しているところによれば、ほぼ、どの市町村も、主治医の診断書をもって「事由を証するに足る書類」として受け付けているのが現状とのことです。勿論、こうした対応は一時しのぎといったものではなく、法理上正当なものだからです。

ところで、同氏は、「普通学級のほかにも、特別支援学校や特別支援学級などいろいろな教育機関があるが、それらに耐えられることができない程度のものかどうか」などと、就学先として地域の通常学級が無理なら、特別支援学校を選択する手立てもあるではないかという趣旨のことも話しました。

しかし、同氏は、日本国憲法二十六条の「教育を受ける権利」についてよくご存知ないようです。そもそも、権利と義務は近代社会においてワンセットの規範であり、義務がその履行を義務的に果たされるのにたいし、権利は行使するもしないも、またこれをどういう形で行使するかもふくめて権利主体の選択にゆだねられています。つまり、権利とは選択的だということです。すなわち、「教育を受ける権利」とは、そもそも、就学先を選択する権利を含んでいるものなのです。

ですから、学校教育法七十二条には、「特別支援学校の目的」しか明記されておらず、障害児はかならず特別支援学校に就学しなければならないというふうに、就学するべき学校を義務づけてはいないのです。

私どもは、この一年、親の就学義務を猶予し、来年、息子を地域の通常学級に就学させる所存です。

二〇一二年一月十日

住所（略）
高橋則和　㊞
高橋文子　㊞

住所（略）
三島市教育委員会
教育長　西島　玉枝殿

Ⅲ　こんなときどうする？　Q＆A

就学指導委員会ってなーんだ

Q　就学時健診の季節、ちょっと憂欝になっています。聞くところによれば、就学時健診の後、市の就学指導委員会の教育相談があり、そこで親の考えはひと通り聞いてはくれるようなのですが、親の意に沿わない特別支援学級を押し付けられたり、時には、通常学級への入学は親の介助が条件といわれたりするというのです。こうした教育相談は受けなければならないものなのでしょうか。

A　２００２年に法令（学校教育法施行令）が一部「改正」され、障害をもつ子どもを小学校に就学させる際には、「専門的な知識を有する者の意見」を聞くことという一文が付け加えられました。そうした専門家の機関として、従来、障害をもつ子どもたちを特別支援学校や特別支援学級に振り分ける権力機関として機能させられてきた就学指導委員会が、あらためて法令に位置づけられたのです。

しかし、だからといって、就学指導委の教育相談を受けなければならないいわれはありません。就学指導委は、教育委員会の権限を越えるものではなく、その諮問機関としての地位を明示されているに過ぎないからです。

したがって、一諮問機関に過ぎない就学指導委が、「教育への権利」主体者である子どもや権利代行者である親の意志を縛ることなどできるはずもなく、また、教育相談の呼び出しに応じる義務もありません。まして、就学指導委が、お子さんの就学先を「決定」するなどのことは、あってはならないことなのです。

ですから、「就学指導委の『決定』がまだ出ていませんので、学区小に就学できるかどうか、まだ申し上げられません」などという指導主事に対しては、右の理由とともに、「私どもでは、子どもの就学先はすでに決めていますので、就学指導委員会で相談していただく必要はありませんし、それに従うつもりもありません」と、そう切り返すべきでしょう。

また、学齢にある子どもが就学することは、譲り渡すことのできない国民ひとりひとりの権利です。その権利行使を「指導」するなんて許されることでしょうか。

権利は義務とちがって、その行使については、もちろん行使しないことも含めて、本人の選択にまかされています。選挙権や婚姻の自由の権利について、行政が、これを「指導」するなどありえません。同じ様に就学についても、どこに就学するかは、本人や権利代行者である親にまかされていると考えるのは理の当然といえるでしょう。

くりかえしになりますが、「教育相談」などは、どんなことがあっても拒否するべきです。それを拒否すれば学籍が獲得できなくなるなんてことも絶対ありません。何しろ行政の側には、就学させる義務があるのですから。

（宮永　潔『増刊・人権と教育』41号、2004年11月）

就学時健康診断は受けなければならないの？

Q　知的障害の息子は、今年6歳になります。幼稚園で健常な子どもたちのなかで生活してきたことから、お友だちといっしょに地域の小学校に入学させたいと考えています。しかし、同じような子をもつ先輩のお母さんのお話を聞くと、就学時健康診断の後、教育委員会から呼び出しを受け、知能検査などの結果をもとに特別支援学級をすすめられたというのです。こうした就学時健診は受けなければならないものなのでしょうか。

A　お子さんが今年6歳になるとのことですが、そうすると今年10月ごろに市町村教委から、就学時健診の案内が届くことになります。

これは入学前年の11月に行なわれることになってはいますが、最近では10月に行われているところも多いようです。

その就学時健診は、学校保健法や同法施行令によれば、2つの目的を持って行われています。ひとつは、子どもの「健康の増進を図り」、それによって「学校教育の円滑な実施とその成果の確保に資する」ために、明年度入学予定の子ども（保護者）に「治療を勧告し、保健上必要な助言を」行うというものです。歯科や眼科などの治療勧告書が手渡される場合があるのは、こうした側面からのものといえるでしょう。

そしていまひとつは、障害児の発見ということです。しかも、知的障害の子どもをより多面的に発見するため、知能検査の方法を多様化するよう、02年に学校保健法施行規則が改訂されたのです。

同年9月に施行された、学校教育法施行令の改正によって、新たな障害基準が示されたことと呼応しているといえるでしょう。そのために、障害の種類や程度をより厳密に「判断」しようというのです。

こうして得られた健診結果をもとに、市町村教委の諮問機関である就学指導委員会が、親御さんを呼び出し、特別支援学級や特別支援学校をすすめるという運びになっています。

しかし、就学時健診を行なうことが市教委の仕事ではあっても、これから入学しようという子どもの側から見ると、これを受けることは、権利ではあれ、けっして義務などではありません。

権利というのは、どのように行使するか、あるいは行使しないこともふくめて国民にまかされているのです。したがって、就学時健診を受けるのも受けないのも自由ということになります。つまり、就学時健診を受けなくても、地域の通常学級に入学する権利には、なんら影響がないということにほかなりません。

ご質問のかぎりで述べましたが、お子さんの地域校就学を目指されるのであれば、むしろ問題はその先にあるように思います。その点については、またご連絡ください。

（宮永　潔『増刊・人権と教育』46号、2007年5月）

就学義務猶予を考えているのですが

Q　ダウン症の娘は来年4月、小学校就学をむかえる年齢になりました。しかし、身体各所の発達の遅れや機能の発達に著しい遅れが認められます。そのため、いま一年就学を遅らせ、成長を促してから就学させたいと考えています。

そこで先日、市教委に出向き、就学義務猶予の申請書類をもらおうとしたところ、「前例がないし、そのような書類もない」というのです。しかも、一年間就学義務を猶予すれば、就学したときには一年生ではなく二年生に編入されるとも聞かされました。どうすればいいのでしょうか。

A 市教委の担当者の発言は、はなはだ不当なものといえるでしょう。「就学義務の猶予」は、日本国憲法を法源として法令に定められた親の権利だからです。行政の側には、これを認めないなどという権限はありません。

義務教育の義務とは、学校をつくり、施設・設備を整え、教職員を配置するなど、行政に課せられた学校設置義務と、保護者の子どもを就学させる義務の二つからなっています。就学義務猶予というのは、その保護者の義務が猶予されるということにほかなりません。

子どもに対する「第一次的養育責任」(「子どもの権利条約」)が保護者にあることはいうまでもなく、保護者は、その保護する子どもに対して、「最善の利益」をもたらす責任と権利と義務を負っています。

2008年4月施行の学校教育法第18条に、保護者が就学させなければならない子で、病弱、発育不完全その他やむをえない事由のため、就学が困難と認められる子どもの保護者に対して、市町村教育委員会は、就学を猶予または免除することができるとあります。

その手続きについては、学校教育法施行規則第34条で、上記事由があるときは、保護者は、就学義務の猶予または免除を教育委員会に「願い出」なければならないこと。その際、「当該市町村の教育委員会の指定する医師その他の者の証明書等その事由を証するに足る書類」を添えるよう求めています。

つまり、市教委の特別な書類でなくても、その理由と法律的根拠を要望書にまとめ、医師の証明書等を添えて市教委に提出すれば、それで就学義務猶予の手続きはすべて完了、あとは就学義務猶予の通知を待つだけということです。これ以外のことは必要ありません。

また、就学義務の猶予は、あくまでも保護者の義務が猶予されるのであって、子どもの「教育を受ける権利」が猶予されるわけではないということです。したがって、一年間就学義務の猶予をしたからといって、就学の際に機械的に二年生に編入されるなど、本来あってはならないことであり、法令でもそうした対応を戒めているところです。

（宮永　潔『増刊・人権と教育』48号、2008年5月）

親は学校に付き添わないといけないのですか？

Q　娘（自閉症）は、現在小学校1年生で、地域の通常学級にかよっています。入学するにあたり、市教委の担当者から、「親の協力が不可欠だ。付き添いはできますか」といわれて、つい、「出来るだけの協力はします」と答えてしまいました。昨年12月までは、何とか付き添うことも出来たのですが、今年に入り、長男を出産したため、それも出来なくなってしまいました。

先日、学校側から呼び出され、「2年生になるには、親の付き添いが条件だ」といわれました。娘がこの学校で、このまま2年生になるにはどうすればいいのでしょうか。

A 「ご協力を」といいながら、その実、親の付き添いが、あたかも入学の条件であるかのようにせまる市教委や学校。これに対してどうすればいいのか。そうした相談が、各地から寄せられています。

校内で付き添うだけでなく、校外学習や、運動会、修学旅行にまで付き添いを求められるケースもありました。育児や生活を放棄してまで、親が子どもに付き添わなければならないいわれなど、いったいあるのでしょうか。

日本国憲法を持ちだすまでもなく、国民には「教育への権利」があります。権利というのは、選挙権に端的に見られるように、誰に投票するか、あるいは投票しないことも含めて、その権利行使の仕方については、権利主体者の側の選択に任されています。教育についても同様で、地域の通常学級、特別支援学級、特別支援学校、そのいずれに就学するかは、権利主体者の側に任されているのです。「親（本来的には本人）の学校選択権」の法理が導き出されるゆえんです。

つまり、あなたのお子さんは、当然の権利として地域の通常学級に就学しているということに他なりません。

その権利を保障するために、学校教育法は、行政の「学校設置義務」（第38条）について明記しています。保護者の子どもを「就学させる義務」とあわせて義務教育の一方の柱をなすものです。

この「学校設置義務」は、たんに学校をつくり、黒板や机などの施設、設備を整えればいいというものではありません。当然のことながら、教職員を配置したり、その学校に通うひとりひとりの子どもたちの学習権を十分満足させるような、人的資源を整えることをも意味しています。

つまり、市教委や学校側が、この子には付き添いが必要だと判断したのであれば、行政の責任において解決されるべき性質のものだということです。しかも、必要としているのは、親ではなく学校側なのですから、学校側が、市教委に介助員や補助職員などの配置を要求するべきなのです。この際、学校側にきちんと申し入れてみてはいかがでしょう。

（宮永　潔『増刊・人権と教育』46号、2007年5月）

「お子さんにだけ手をかけられない」といわれて

Q　知的障害の息子は、この4月、学区の通常学級に入学しました。毎日楽しそうに通学する様子を見て、ひとまずは安心していましたが、5月にはいって、家庭訪問のおりに、担任の先生から「本当のところ、お宅のお子さんにだけ手をかけるわけにはいかないんですよ」と、こともなげに言われてしまいました。息子に付き合っていると、授業が遅れるというのです。たしかに息子は、言葉がいまひとつはっきりしなかったり、理解に遅れが見られ、ほかの子と同じようには授業に参加できないかもしれません。ですが、しかしとも思うのです。

あらためて担任の先生や学校側と話し合う機会を持ちたいと考えていますが、学校側にどんなふうに話をもっていけばいいのでしょうか。

A　同じような相談を受けることがしばしばあります。苦情をならべたてることで、それとなく、あるいはあからさまに特別支援学校行きをすすめられたというのです。こんなふうに、教師、学校側が、形のうえでは受け入れながら、その実、お子さんの前に立ちはだかるということが、残念ながら往々にしてあります。

では、これにどう対処すればいいのでしょう。本来的には、お子さんが在籍する学級で学習する権利は、あくまでもお子さんにあり、教師には、それを保障する義務があります。そのことを自覚しないで、「手がかかるから」とか「大変だ」というのは、教師の側の都合でしかなく、そうした教師の都合で、お子さんがほったらかしにされるのではたまったものではありません。この点、受け入れた以上は、学校側にその子に必要な教育を受けさせる責任があると考えるのはごく当然のことといえましょう。ですから、そのことをきちんと学校側に申し入れることが肝要かと思います。

そのうえで、もしその責任が引き受けられないというのであれば、市教委に申し入れて、担任を替えさせることも選択肢の一つに加わることになります。

しかし、あなたの場合、これから話し合いを始めようというのですから、今すぐに担任を替えるよりも、しばらくは、担任と話し合うということもあっていいように思います。授業を遅らせるわけにいかないというのは、学習指導要領という文科省の基準にしばられていたり、他の保護者や、ときには校長などから苦情が出てきかねないということもそこにはあるからかもしれません。

そこで担任への対し方としては、「ウチの子の教育については、学校に責任がある」ということを申し入れるのとあわせて、こんなふうにすれば出来ますよと教えてあげるのも、ひとつの方法ではないかと思うのですがどうでしょう。

（宮永　潔『増刊・人権と教育』43号、２００５年11月）

特別支援学校からの転校はどうすればいい？

A　娘はいま特別支援学校（知的障害）小学部の1年生です。市教委の就学相談で「特別支援学校しかいくところはありません」と押しきられて就学させることになりました。実際に就学してみて、個別に対応してもらえるなど少ない人数での教育にいい面もあるのですが、理解ある私立の幼稚園で、たくさんのお友だちのなかで過ごしてきたことを振り返ると、これでいいのかなとも思いながらすごしています。まだまだ迷いから抜けきれない母親ですが、特別支援学校から地域小への転校はできるのでしょうか。

Q　まだ迷っていらっしゃるとのことですが、特別支緩字校から地域小への転校については、交渉の筋道を間違えなければ必ず実現できます。それは、お子さんが地域の通常学級へ就学することは、憲法上、法律上の権利として保障されているからです。どういうことでしょうか。

近代社会では、権利と義務はワンセットのものとして扱われています。しかし、義務は、納税の義務に見られるように、いやおうなしに義務的に履行させられてしまうのです。それに対して、権利はといえば、選挙権に見られるとおり、与野党の誰に投票しようと自由です。また、投票しないからといってとがめられることもありません。権利というのは選択的だからです。

同じように「教育を受ける権利」が国民にあるからには、地域の通常学級や特別支援学級、あるいは特別支援学校のいずれに就学するかは権利主体者の側の選択に任されているのです。親（本来的には本人）の学校選択権の法理が導き出されてくるゆえんです。

では、どこに話を持っていけばいいのでしょうか。それは、運動のすすめ方としては、小学校入学を目指す場合と同じで、学籍措置責任者である市町村教委の教育長一本に絞って話し合うことになります。その際、「〇〇小学校に転校させる所存です」とその趣旨を明確にした文章につづけてその理由（生育暦や現在の様子、法律的根拠など）を記した「要望書」を提出するのがいいでしょう。これがその後の話し合いの基礎となるからです。

しかし、地域小転校運動の要諦の第一は、まず親が意志をしっかりと固めること、これこそがもっとも肝要なこととといえるでしょう。

あなたの場合、まだ迷っておられるとのことですので、いましばらく時間をかけて、地域小に就学させている先輩のお母さんの話を聞くとか、地域で学ぶ子どもたちについて書かれた本を読むなど、ご自身の考えをまとめられてはいかがでしょうか、その際、重度、重複障害のお子さんを地域の小・中学校に就学させ、その様子がくわしく書かれた菊地絵里子さんの著書『翔子、地域の学校に生きる！　重度の重複障害をもつ娘と歩む』（社会評論社、一七〇〇円、「実現する会」事務所でも扱っています）が大いに参考になるでしょう。

（宮永　潔『増刊・人権と教育』48号、２００８年5月）

第2部

学校とどう付き合う?

Ⅰ　学校生活と学習保障、こんな配慮があれば

車イスのわが子の一年生一学期

この2011年4月、二男の佳典（よしのり。以下、名前は仮名書きとします）は、春日部市の隣接学区の小学校に就学しました。四肢の機能障害を負っていますので、室内での移動は這い這いで行い、外出には車椅子を使っています。

学区の学校ではなく、なぜ隣接学区の学校かといいますと、3年間通った私立の三愛保育園のお友だちの多くがこの学校に就学するからなのです。市内には公立の保育所もたくさんあります。ところが、よしのりを受け入れてくれたのはこの保育園だけだったのです。

1　親の付き添いを求められ

昨2010年の晩秋、市の就学相談を受けたとき、「介助員の配置はできない」と担当者からいわれました。親に付き添いをしろといいたいのでしょう。そこで、障害者の教育権を実現する会（以下、「実現する会」とします）と相談し、11月中旬、市教育長宛に、隣接学区の小

学校への就学の意志をしたためるとともに、就学先の選択は親（本来的には本人）の権利であることをしたためた要望書を提出しました。

その月の末、実現する会の山田さんと宮永さんにも同席してもらい、市教委と話し合いをもちました。その結果、1月末には就学通知が届きました。ところがその後、市教委の担当者がなんだかんだといってきて、学校での付き添いを求めるニュアンスのことを言ってくるのです。そこで、1月末に改めて市教委交渉をもちました。そして、「教育を受けることが権利である以上、親には付き添う義務はない」ということを教委に認めさせたのです（教育長宛の要望書や交渉のルポについては、月刊『人権と教育』443、445号をご参照下さい）。

学校側にも釘をさしておく必要を感じましたので、実現する会の山田さんと相談し、校長に要望書を出すことにしました。その趣旨は「就学した以上は、学校での学びや生活は学校側の責任において保障されるべきものであり、親には付き添う義務はない」というものでした。

入学式を数日後に控えた4月6日、担任との顔合わせをするため学校に出向いたさいに、学校長に要望書を手渡しました。校長はそれに目を通した後、「権利うんぬんじゃない。そういうことではない。一緒になって相談していきましょう」などといいだしてきたので、びっくりしました。そして、支援員の配置については、「特別一人には付けられない」「毎時間は付けられない」などというのです。

これには納得できませんでしたので、「実現する会の方にも同席してもらって、後日、もう一度話し合いをもちたい」というと、校長は「そんな……」と苦りきった表情を見せ、結局、親が付き添わないことを認めました。そして、支援員を1名増員し、体育、図工、音楽はかならず支援員を付けるということを確約したのです（月刊『人権と教育』４４８号）。

担任は50代の女性でした。いざ学校生活がスタートすると、ほとんど毎時間、支援員によるサポートが保障されました。支援員は40代の主婦の方でした。プールの授業がはじまると、担任から「どうやって参加させればいいか分からないので一度見に来てほしい」といわれました。でも、私もパートで働いていますので、浮き輪を付けるなど、安全面に配慮した参加の仕方を口頭で説明するだけにしました。

このころ、特別支援学校の先生が地域の学校へ来て、先生たちにアドバイスをしてくれるという話を聞きました。６月末の授業参観の後、その件で話し合いをすることになりました。

当日、参観する授業は算数でした。よしのりは、私の姿に気づくと、ニコニコ笑顔になり、担任に指されると、元気よく答えていました。その日の放課後、校長も交えて三人で話し合いました。

校長が「学期が終わるごとに一度は意志確認をするためにも、こうした話し合いをもちたい」と話した後、数枚の写真を机に並べました。見ると、よしのりが担任に両脇を支えてもらって立って朝会に参加している場面や、体育の鉄棒の授業や避難訓練のときのよしのりの様子が写っていました。しばらくして、校長は、「学校側がこんなに頑張っているのだから、お母さんも実際に学校へきてよしのりの姿を見てほしい」というのです。その場ではお礼をいうだけにとどめて、あえて同意も反論もしませんでした。

そして、特別支援学校の職員派遣の件について話がうつると、校長は、「特別支援学校は設備が整っているし、よい環境だから、月一度でもいいから行ってみたらどうか」と水を向けてきました。特別支援学校への転籍をすすめられているような気分にさせられましたので、私は、「月一回でもよしのりを休ませたくない」とそこに通わせるつもりはないときっぱり校長に伝えました。

夏休みに入る数日前のことです。特別支援学校のコーディネーターが学校に来て、よしのりを指導したようでした。担任は、よしのりが「一人で上ばきをはくこともできたし、支えを使って上手に歩くこともできた」などといいながら、「特別支援学校に6年間通えば、歩けるようになるだろう」とか、「よしのり本人が特別支援学校に行きたいと言った」などというのです。話が私の意図とは違った方向に引きずられていくので不愉快になりました。

そして、8月末には特別支援学校のコーディネーターを交えて、親と学校側とで話し合うことになってしまいました。特別支援学校への転籍については親が同意しなければできないことなので、むしろ、この話し合いをこちらにとってプラスに変えられたらと思いました。というのは、2学期は運動会もあるので、よしのりを参加させるにはどのように工夫したらいいかについてコーディネーターから話を引き出そうと考えたのです。

ところが、その日の話し合いは、結局、運動会の参加方法についてはたいして時間をとってもらえず、その時間のほとんどは、「親に学校に来てほしい」という話に終始しました。その一点張りです。そして、運動会の打ち合わせについては、今後担任とすることになりました。

2　驚くほどおしゃべりになって

1、2歳のころ言葉がでるのが遅くて心配していたのですが、よしのりが3歳になって保育園に入園すると、どんどん言葉が増えていきました。いまでは家族で一番のおしゃべりです。

朝、「オッハー」というと、「オッハーじゃないでしょ。おはようでしょ」と生意気な口をきいてきます。お兄ちゃんには、「もう学校へ行く時間だよ」「宿題やったの？」と、えらそうにいったりします。それから、「いつもご飯をつくってくれてありがとう」とか、「仕事たいへんだね。がんばってね」「ママ、だいすき」などと、やさしい言葉をかけてくれるようにもなりました。

「明日、水筒をわすれないように」とか、「今日は、だれちゃんがお休みしたけど、だいじょうぶかな」と心配したりします。「明日、日直で紹介するんだけど、ママの名前はなんだっけ。ああ、どうしょう。なんていえばいいかな。本の紹介でもいいんだって」と話が止まりません。

毎朝、学校へ送っていく夫の話では、玄関や廊下でクラスのお友だちとすれちがうと、「おはよう」とハイタッチを交わしているようです。

一学期の通知票の評価は、「よくできた」「できた」「もうすこしがんばろう」の3段階ですので、「もうすこしがんばろう」が多いだろうなと考えていました。

終業式の日、よしのりから手渡された通知票には、「もうすこしがんばろう」が一つもありません。きっと担任の先生が本人のやる気を考えてくださったのでしょう。担任のコメントらんには、「どんなことにもやる気いっぱいの笑顔で取り組み、友だちもたくさんできて、昼休みには自分たちでルールを決めて楽しそうに遊んでいました」と書かれていました。

入学する前は、5までの足し算の理解もむずかしかったのですが、学校へ通いはじめると、一学期の間に10までの足し算、引き算ができるようになりました。よしのりのやる気を伸ばしたいと家でも毎日こつこつとリハビリと家庭学習をやっています。私のほうが焦ってしまい、よしのりを叱ったこともありました。よしのりはそれにもめげず、「リハビリやろう」「計算カードやろう」と催促してくるのです。そんな姿をみるにつけ、本人のペースでゆっくりやらせようと、自分自身に言い聞かせています。

家での愛称はよしのりが「よし君」にたいして、お兄ちゃんのほうは「まー君」です。よしのりは、学校で「まー君に会ったよ」とか「まー君が車椅子を押してくれたんだよ」と嬉しそうに話してくれます。

兄弟げんかもたまにしますが、お兄ちゃんは学校で弟を気遣っているようです。朝の体操の時には、すすんでよしのりのそばへ行って、車椅子を押しながら校庭を一周したりしているようです。私にとっても、おにいちゃんは頼もしい存在です。「今日、よし君、支援員のいうことを聞かないでふざけていたよ」と学校での様子をお兄ちゃんから聞くこともできます。

よしのりは、小さいころからお兄ちゃんの真似をして育っていますので、おもちゃでもお菓子でも、ゲームでも「まー君と同じがいい」といっていました。最近はライバル心が芽生えたのか、ブロックで遊んでいたとき、「どっちがかっこいい」とか、「まー君とよし君、どっちがえらい」などと聞いてくるのです。「二人とも、すごくかっこいいよ」「二人とも頑張っているよ」と答えることにしています。

この間、就学してからも、親（本来的には本人）の学校選択権を行使していかなくてはならないことを痛感させられています。よしのりに見習って私もめげないで、親として努力していきたいと思います。地域の子どもたちと一緒に生活し学ぶ権利は、よしのり本人にあるのですから。

（赤沼智賀『増刊・人権と教育』54号、２０１１年11月）

同じクラスの子として受けとめて

４年生の終業式の日、朝ご飯を食べている健太郎に「今日で４年３組も最後だね」と話しかけました。すると急に下を向いて、よく見ると目に涙をいっぱいためていたのです。私はえっ、ど、どうしたの？　と少しびっくりしました。でもすぐに、健太郎は大好きなクラスの友達と、担任との別れが悲しくなったのだと分かりました。そして、そんなことを感じるようになったことに感心してしまいました。

1　「よその子」ではなく「うちの子」として

健太郎の4年生のクラスはとても楽しいクラスでした。担任は大学を出て2年目の若い女性の先生でしたが、とても前向きで子供たちにも人気があり、障害児が一人居る、普通学級のクラス経営を明るく楽しく、なんなくやってのけてくれました。親としても、今までのような重苦しい感じもなく、担任と共に、健太郎の小さな成長を喜ぶ日々を送ることができ、とても楽しい一年でした。昨年は「こう毎日、いたずらが続いては、困ってしまいます」などと連絡帳に書かれ、3年生の終わりには、前の担任と教頭と話し合いを持ちました。その時は「イタズラを数えあげたらきりがない。普通学級に居るストレスだと思う」「私たちは専門家ではないので無力感を感じる」「学年が上になると、級友との差がどんどん広がってきて、休み時間など、一人でぽつんといるようになっている……」などなど、マイナスの言葉ばかりかけられ、どう対処していくべきかを、考えなければと思いながら迎えた4年生でした。

でも心のどこかでは、それも担任の働きかけしだいではないのかと思っていました。そして、

「無力感を感じる」とか「一年間、葛藤でした」などという言葉はもう聞きたくないとも思っていました。こういう言葉が、どれだけ親の気持ちを傷つけているかということ、「専門家ではないから……」という言葉の中には、どれだけ障害児に対する差別意識が含まれているかということには、気づかないのでしょうか。「あなたのお子さんは、障害児でみんなとは別ものなのですよ」「私たちは健常児のための教師なので、何もしてあげられないのです」と言っているように私には受け取れたのです。

確かに健太郎は学校ではイタズラばかりしていました。でもそのことを悪いこと、迷惑なこととしてのみ考えても、何も解決はしません。問題行動を起こすには、必ずその背景があるのです。きちんと自分の気持ちや状況を、言葉で説明できない子は問題行動に走って、大人にサインを出しているのだと思います。困った子は自分が困っている子なのです。

健太郎だって、毎日学校に通っているのだし、自分の存在を認めて欲しいし、つまらない授業を聞いて、皆の邪魔にならないように、ただ大人しく座っているだけではいられなかったのでしょう。机の上の皆のふで箱を次々に床に落としてみたり、友達のケシゴムを隠してみたり、注意されると友達のうでを噛んだりと、次から次へとやってくれました。そして毎日のように苦情がかかれてくる連絡帳を、見るのも嫌になったこともあります。

4年生の担任には、最初に親の思いを伝え、健太郎にも出番を作ってほしいこと、授業の中でも、それなりに参加させてほしいことなどをお願いしました。担任もしっかりとその思いをくみ取ってくれました。そして何よりも健太郎をクラスの一員として、「よその子」ではなく「うちの子」として、しっかりと受け入れてくれたことが成長につながったのだと思います。

授業中も今までのようにお客様ではなく発表もし、健太郎なりに参加できる場面も作ってくれていました。算数のテストなどは、健太郎は答をしっかりと写すことで、全部間違わずに写せたときは百点をもらっていました。いろいろと工夫もし、「けんちゃんルール」なるものを作ってくれていたのです。

健太郎も今までのように自由帳に絵を描いている暇はなかったようで、私が持たせてやった自由帳も4年生になるとほとんど使わなくなりました。やはり、一日の中でほとんどの時間を過ごす授業の中で、お客様ではなく、健太郎なりに参加できたことが、一番良かったのではないかと思っています。そして担任のそういう姿勢は子供たちにも伝わります。いくら担任が「一人一人を大切にします」などと言っても、肝心な授業の中で、障害児はどうせできないから、みんなの邪魔にならないようにお絵かきでもしていて、という態度では、子供たちはするどく見抜きますし、障害児もそれを感じ取ります。そして、まわりの子供たちも、だんだんと障害児から離れて、一人ポツーンという状態になるのではないでしょうか?

担任は、授業中も休み時間も、健太郎にたくさん声をかけてくれました。子供たちは担任をよく見ています。そういう担任の姿勢は子供たちにも影響し、みんなが声を掛けてくれて健太郎も昨年のように一人ポツーンと居ることはなかったようです。

2 健太郎をクラスの人気者として

クラスのお友達から最後にもらった寄せ書きには「けんちゃんは明るくて、すごく楽しかったよ」「けんちゃんはいつも元気でクラスを明るくしてくれる」「けんちゃんはクラスの人気者、また一緒のクラスになれたらいいな」などと、ほんとうに嬉しくなるような言葉がたくさん書かれていました。そして「けんちゃんはやさしいね」と書いてくれたお友達も何人かいて、健太郎がクラスに馴染んで自分の良い面が出せていたことに、とても感激しました。

いままでは、友達をつついたとか、物を投げたとかばかりだったのが、友達が「やさしいね」と思ってくれたことで、健太郎は大きく成長できました。そして健太郎をクラスの人気者にしてくれて、良い面を引き出してくれた担任に、感謝の気持ちで一杯になりました。

子供は、自分が「受け入れられている」と感じ安心した時、初めて心が育つのだと思います。家庭でも「この子さえ居なければ」と思って育てたらどんな子供に育つでしょうか？ それは学校でも同じだと思います。「うちの子」としてしっかり担任に受け入れられ、情緒が安定し、イタズラをしてみんなに注目されるより、良い事でみんなに注目されることのほうがずっと楽しいということを学びました。そして落ち着いて楽しく学校生活を送ることができたので、私にとっても、すばらしい一年でした。とにかく嫌な思いをすることが何もなかったことが画期的なことでした。

最初はキャリアの面で教師2年目という担任に対して、正直不安を抱きましたが、今は反対にキャリアって何だろうと思っています。健太郎の4年生の担任は「けんちゃんから毎日学んでいます。皆がけんちゃんを励ましている姿を見て、本当に一緒にいる事って大事なんだなと思いました。皆にとっても、けんちゃんがいたことは良かったんですよ」と言ってくれました。そうなのです。それを分かって欲しいのです。

そして、親が一番うれしく思うのは、少しばかりの読み書きや計算ができるようになった時ではなく、同年代の多くの友達の中で楽しそうにしている姿を見た時なのです。障害があっても、一人の子供として、皆と一緒に学び、一緒に遊んでいる姿を見たいのです。でも実際はなかなか、そのことが分かってもらえません。不思議なことにベテランの先生ほど、なかなか「みんな一緒に」ということに理解を示してくれなかったように思います。

せっかく出会ったのですから、障害児をマイナスな目で見ないで、プロ意識をもって「うちの子」として受け入れてほしいと思うのです。

3 生かすも殺すも担任次第

楽しかった4年生の一年間も終わり、健太郎は前のクラスに未練を残しながらも、いよいよ5年生となりました。始業式の朝、昇降口に貼り出されている、新しいクラス発表を見に健太郎と一緒に学校に行きました。健太郎の名前は5年2組にありました。

5年生からは校舎も変わるので教室まで連れて行こうと思っていたら、同じマンションに住む、優等生のY君がすっと現れ、同じクラスになったらしく「けんちゃん、一緒に行こう」と言って、さっと健太郎の手を引いて連れて行ってくれたのです。些細なことだけれど、健太郎のことを気にかけていてくれたことを、とても嬉しく思いました。こんな風に子供たちのちょっとした支えが、親にも健太郎にも、とても助かるのです。でもこれも、今まで一緒に居たからなのです。Y君とて、最初は健太郎に違和感を感じていたらしく、近づいてはこなかったのですが、クラスも一緒だったおかげで、今では、いろいろな場面でさっと援助の手を差し伸べてくれる良き理解者なのです。まさに、「障害児は習うより慣れろ」です。

5年生になって、また担任とクラスが変わり、健太郎もとても緊張しているらしく、最初は帰ってくると、お疲れモードで昼寝や夕寝をしていました。

担任は初めて、若い男の先生になりました。一学期が始まってすぐ、話し合いを持ちましたが、あまり親を追い詰めたり、子供を管理したりするタイプの先生ではなく、「クラスは多様性があったほうが良いと考えています」と言って下さったのでほっとしました。

毎年、環境が変わる新学期は、いろいろ問題を起こしてきた健太郎なので、4年生で落ち着いたといっても、どうなるか心配でしたが、一学期は大した問題も起こさず、うそのように平和に過ごせました。今までのようなイタズラ小僧の健太郎は居なくなったのです。

担任の話を聞くと、最初の自己紹介では「みんなと仲良くしたいです」と大きな声で言ったそうです。「けんちゃんは真っ直ぐなので、けんちゃんの魅力で、みんなから声掛けられて、人気者です」と言ってくれました。心配していた高学年ですが、健太郎は、今までたくさん失敗をして学んだことで、対人関係のトラブルがなくなりました。

いま思うと、あのイタズラの日々は成長の一過程で、一時のことだったのだと思うことができます。障害児もゆっくりだけど必ず成長するし、そのままな状態なんてずっと続くわけないのだから、親も教師も、ちょっと長い目で、子供を見てあげることが必要なのだと思います。5年生になった健太郎は、あまり問題も起こさず、友達にたくさん声を掛けられ、楽しく学校に通っています。

でも学校での、この平和な状態というのは、担任の目に見えない配慮と、障害児を受け入れる心が背景にあってのことと、私は確信しています。学校に行かなくても、まわりの子供の健太郎への接し方を見ていると、担任が、どのように接しているかということが分かります。担任が障害児を邪魔者扱いすると、子供たちも邪魔者扱いしますし、担任がフレンドリーに接してくれると、子供たちもそうなるのです。

ただ一緒に居るというだけでは、インクルージョンは実現できません。教師が障害児を本当にクラスの一員として、「うちの子」として受け入れられるかということが、一番の鍵になっていると思うのです。

（渡辺丈子『増刊・人権と教育』49号、2008年年11月）

６年生の渡辺健太郎くん、組体操、ピラミッドの土台になったぞ

新井春樹くん、体育館で集会参加

車イスの春樹くん、「宿泊学習」始末

遠足や「宿泊学習」において、障害児の親御さんに付き添いを求めるとか、もっとひどい場合は、障害児を一緒に宿泊させないなどの条件を突きつける学校があるという。

1　一緒に宿泊させない？

埼玉県寄居町にお住まいの新井清一さんと史恵さんご夫妻の長男春樹くん（重複障害、車椅子使用）は2012年春、5年生に進級した。5月中旬には「宿泊学習」が予定されている。春樹くんもみんなと一緒に宿泊するのを楽しみにしていた。

始業式を数日後に控えた4月3日、学校からこの件で話し合いたいといってきた。話し合いは3日後の4月6日。この日、父君の清一さんが仕事の都合で行けなくなり、お母さんが一人で臨んだ。

学校側からは校長のほかに通級担当の教員が同席。校長の話によると、「宿泊学習」は一泊二日の日程で、隣町にある埼玉県立小川げんきプラザで一泊。往路は徒歩で、復路は電車を利用する計画だという。

車椅子を使用する春樹くんには現在介助職員が配置されている。3年生の遠足時、規則上、

町外への出張を命じることができないからと、学校側は親に付き添いを求めてきた。しかし、新井さんは、「遠足は学校の責任において実施するのが当然であり、親に付き添いを求めるのは筋違いである」として付き添いを断った。そして最終的には町教委と交渉し、親には付き添う義務がないことを確認させた。結局、通級担当の教員が介助を担当したのであるが、それ以降、規則が変わり、町外を目的地とする遠足に介助職員が付き添えるようになっていたのである。

今回は宿泊をともなうので、学校側は、それを理由に付き添いを求めてくるのではないかと予想された。そこで、お母さんは、3年生の遠足のさい、教育委員会と確認したことから話をはじめた。

すると、校長は、昼間は介助職員を配置できるから付き添いはしなくてよいという。しかし、規則上、介助職員に宿泊勤務を命じることができないからと、「夕方、迎えに来てもらい、翌日の朝、宿泊施設に連れてきてもらうのはどうでしょう」と提案してきたのである。早い話が、春樹くん一人を一緒に宿泊させないということなのだ。校長は、そういう処遇を受ける本人の気持ちをどう考えているのだろうか。健常児だったら、そんな差別的な扱いをしないにちがいない。お母さんは怒りに体を震わせた。

2　障害にたいする適切で必要な配慮を！

4月10日、こんどはお父さんも一緒に話し合いに臨んだ。学校側からは、校長と主幹教諭が出席。新井さんご夫妻は、「宿泊学習が学校行事である以上、学校の責任において必要な配慮がなされるべきである。一緒に宿泊させないのは障害児に対する教育差別である」と批判した。すると、校長は、「そんなことを言っていると、誰も担任を持ちたがらないですよ」とおかしなことを言いだすのである。

「盲児は盲学校へ、聾児は聾学校へ」という旧来の常識によりかかって、そんな馬鹿なことを口にするのだろう。しかし、「教育を受ける権利」とは、就学先を選択する権利をも含むものなのである。そして、その権利を具体的に保障していくために、第一に保護者の側に「就学させる義務」を負わせ、第二に、行政には、その地域の子どもたち一人ひとりのニーズを満足させるための人的、物的教育資源を整える義務、すなわち「学校設置義務」を課しているのだ。

勿論、右の人的教育資源には、教員のほかに介助職員もふくまれているのだから、遠足や「宿泊学習」などのさいの必要な人的配置は行政や学校の責任において施されなければならない。

右の「学校設置義務」条項に盛りこまれる精神については、「子どもの権利条約」第3条の「すべての活動において子どもの最善の利益が第一次的に考えられなければならない」という条項とも関連づけて理解されねばならない。つまり、「子どもの最善の利益を第一次的に考える」とは、子ども一人ひとりにたいして物心両面にわたる適切で必要な配慮が不可欠であることを定めたものと解さなければならない。

したがって、これを障害児に即して考えてみるなら、「最善の利益を第一次的に考える」とは、障害にたいする適切で必要な配慮が保障されること以外でない。そこから、障害児には、学校生活において適切で必要な配慮を求める権利があるという考え方が導きだせるのである。今回の学校側の提案は、端《はな》からそのような配慮を欠落させていることから、やはり、障害児を教育的に差別するもの以外でないといえる。

3　教委交渉で決着

5月2日、3回目の話し合いの席で、校長は引率教員を1名増員したと胸をはった。ところが、またまたおかしなことを言いだした。こんどは、「往路と復路に事故があった場合、責任を負えないから」との理由で、新井さんのほうで車を手配して春樹くんを現地まで送迎するよう求めてきたのである。

5月7日、4回目の話し合いが設定された。ご夫妻は、話し合いが平行線をたどるようなら、教委交渉で解決を図る以外にないと考えて、この日の話し合いに臨んだ。「親のほうで送迎する意志はありません。可能なかぎり、みんなと一緒に行けるよう配慮してもらいたい」と改めて校長に求めた。そもそも、「宿泊学習」とは親元から離れて子どもたちが集団生活を経験するところに意義があるのだから、親が車で送迎していては、その目的が果たせない。

すると、校長は、「親ができないというのなら、学校側で送迎するようにしたい。ただし、学校側の責任を問わないと、事前に署名捺印してもらいたい」などといいだすのだ。

ご夫妻は、車椅子を用いることができないようなところでは、タクシーを用いることもやむをえないと考えていた。しかし、校長は、往路、復路とも、職員の自家用車を用いて、春樹くんを運ぶつもりでいるのである。話し合いは物別れに終わった。「教委と話しあいたいと思います」と伝えると、「どうぞ」と校長がひとこと返してきた。

5月9日、ご夫妻は町教委へ出向く。事前に連絡してあったので、学校教育課長が応対した。課長は、「親御さんの話はよくわかりました」と、善処を約束したのである。2日後の11日、校長から私宅に電話が入る。「教委から連絡がありました。学校からみんなと一緒に行き、途中からタクシーを利用して現地まで行くことになります。帰りは駅までタクシーで行き、電車で帰ってきます。万が一、移動のさいに起きた事故については保険の範囲内になります」。校長が伝えてきた案は、かねてからご夫妻が要望していたものである（教委の経費負担）。

19日、春樹くんが2日間の日程を終えて「宿泊学習」から帰ってきた。「とても楽しかった」。春樹くんの笑顔がお母さんの心をなごませた。同行した教頭からは、「たいへん元気に参加できました」との報告を受けたという。

学校に子どもを「人質」に取られているからと、権利主張をためらう親御さんもいると聞く。しかし、新井さんご夫妻の粘り強いたたかいは、「子ども人質」論が根っこのところで子どもの権利をないがしろにするものであることを証し立てているといえないか。親こそ子どもの権利代行者だということを改めて確認させられた。

（山田英造、月刊『人権と教育』４５８号、２０１２年４月）

障害ある子を普通学級で受けもったら

障害ある子が普通学級に入ってくることが多くなった。

「いやあ、ほんとうに参っちゃった。なんだか宇宙人と付き合っているみたいで、うまくコミュニケーションできなくてさ。授業をいっしょにできないのがつらいなあ」

もう50歳代に乗ったベテラン女教師。この人からこんなことばを聞いたのは初めてのことだった。仮説実験授業を始めとして他の授業でも子どもたちとほんとうにいい関係をつくり、子どもたちが新しい世界に目を開かれる楽しさを語ったり、感想文に書くようなクラスを作ってきたのに。

１年生を担任したら２人も３人も席についていられない子どもがいてお手上げという話もよく聞くようになった。担任教師が授業がちゃんと成立するようなクラス集団を作ることができなくて、子どもや親の信頼を得られなくなりいわゆる学級崩壊状態になってしまう。その原因のひとつに障害のある子どもとの対応がうまくできなかったということがあげられる例もいくつか耳にした。

普通学級に入る障害のある子どもがほんとうにどのくらい増えているのか、その統計をまだ見てない。また学習障害（ＬＤ）、注意欠陥・多動性障害（ＡＤＨＤ）、アスペルガー症候群などの障害をもつ子どもがどのくらい普通学級に入っているかについても確かな統計を見ていないので、「多くなった」というのは印象的な面もあるとは思うのだが。

1　40年前には

障害ある子どもの地域の学校への就学状況は、多くの問題をかかえ、時には逆戻りしつつも変わってきている。

１９７７年月刊『人権と教育』54号に、いまは亡き梅根悟先生の「障害者教育、どちらが原則でどちらが例外か」と題する講演記録が載っている。映画『友だち一〇〇人できるかな』を観ての講演である。梅根先生は、

「実は、この一美ちゃんの映画は、私自身は初めてなのです。この目の見えない子どもと見える子どもが同じクラスで勉強しているといったことは、日本ではまだめずらしいケースだと思います」

と、当時の教育の現状を言ったあと、

「いろいろな障害に対応して、程度ごとに種類ごとに専門家をおいて教育すればうまくいくという考えでやってきたことが、そうではなく、障害をもっている子どももたない子どもがいっしょになるほうがいい点もある。むしろそのほうが根本だという考え方が最近強くではじめている」と続けている。そして、1969年にできた（梅根先生も中心になって創った）和光大学も、創設の頃には、大学に障害のある人が入ってくるなどまったく考えていなかったと話されている。遅々として進まないようにみえても40年前と現在ではずいぶん違ったのだと思う。

梅根先生の話は最後に学校を選択する権利に及んでいる。大切だと思うから、長くなるけれども引用させていただく。

「つまり、1つの地域社会・地域にいっしょに住んでいる親たち子どもたちは、みんな仲良しになって、お互いに助けあって生きていくのが本当であろうと思います。

それが根本であるならば、学校だけ頭のよい子と悪い子、障害がある子とない子の仕分けをするなんておかしいんじゃないか。いっしょに住んでいこうということが根本なら、学校もそうすべきではなかろうかということなんです。

そうするためには、阻害物はとりのぞいていけばいいんで、それが妨害にならないようにしていくことが望ましいと私は考えています」。

いまから40年前には障害ある子どもが普通学級に入って毎日の授業をいっしょにやっていく

などということは、なかなか想像も及ばなかったのである。

2　世の中変わってきた

40年前のことをふり返ってみると、遅々としていても、障害のある子どもが地域の普通学級で学ぶ例は増えている。

2007年5月31日付の朝日新聞に「障害児進学先口出ししません」という見出しの小さな記事が載った。障害ある子どもが、普通学校と特別支援学校（旧盲・ろう、養護学校）などのどちらに進むかを実質的に振り分けている市町村の就学指導委員会について、埼玉県東松山市が廃止を打ち出したというのだ。「子どもの利益を最終的に判断するのは家庭」との考えから保護者の判断に任せるのだそうである。市の教育委員会が市議会に提案する予定だというのだが結果については私は知らないままである。

記事の最後に坂本祐之輔市長が「地域の学校へ行きたいという思いに、行政が口出しすることはない。設備改修などの必要も出てくるだろうが、マンパワーで補いたい」と話していることが出ていた。このような市があったり、それが記事になったりすること自体が世の中が変わってきているということだろう。

学校選択権を基本に、障害のある子どもも地域の学校で学ぶことができるように運動を進めてきた「障害者の教育権を実現する会」の人たち。主として事務局の人たちと障害のある子をもつ親たちが実践してきたことが、世の中を変えてきたことはたしかである。就学のためのマニュアルも示せるようになった。

菊地絵里子著『翔子、地域の学校に生きる』（社会評論社）は、そのみごとな実践記録である。渡辺丈子さんが月刊『人権と教育』に書いているいくつかの報告もそうだし、水野正人さんの「あっという間に5年生」（『人権と教育』416号、2008・7）もそうである。ほんとうにたくさんの実践がなされているのだと思う。

3　一方では「こんな子どもはここに来るべきではない」と

世の中は変わってきているとはいっても、とくに学校現場に、そして保護者のなかにも「こんな子どもはここに来るべき子どもではない」という差別と排除の意識は根強く広く存在している。月刊『人権と教育』（以降「月刊」と略す）の記事のなかには数多くの報告がある。

稲川雅枝さんの「ともみの成績表――授業の工夫こそが必要なのに」（月刊334号、2001・10）は学校というものが子どものため、子どもの豊かな育ちの場でなく、子どもを形式や国家の指示に従わせるためにあるのだということを強く印象づける。

二井民子さんの「親が声をださなければ学校は変わらない」（月刊400号、2007・4）は、学校現場のかたくなな差別意識、障害ある子どもと親の基本的人権さえも踏みにじるような言動を知ることができ愕然とする。

「頑張ってきて得るものは大きかったけれど、同時に、6年近くかかって、人員を配置し保護者が理解を得られるよう説明しても『障害児は普通学級に居るべきではない』と思っている教員の考えを変えることはできませんでした」

と最後に記し、これからも頑張っていく決意で締めくくっている。

栗原規昭さんの「迷惑感が差別につながる」（雑誌『人権と教育』48号、2008・5）（以後「雑誌」と略す）にはこんなことが書かれていた。栗原さんが、朝一番にパソコンを立ち上げメールを開いたとき、なんとも嫌な気分にさせられる一通の匿名の投書が目に飛び込んできたという。

「自分は実現する会の支援のもとに、普通学級に通っている障害児の在籍する小学校の関係者である。会はなぜその子に養護学校を薦めてあげないのか。児童は無理に普通学級に行かされている。養護学校に行ったほうが本人のためである。周囲も迷惑している。云々」

という文面である。

いっこうに変わらないこともたしかである。

4 「結局はうまくいかない」にしないため

最初に紹介した教師のように、障害ある子との関係をどうつくり、その子どもを包み込んだ学級集団をどう育てていったらよいのか、方策を見出せずに困ってしまっている教師もたくさんいることはたしかである。その教師の場合は1学期の終わり近くなって、支援の人が付いてくれて、状況は好転したという。適切に個別の対応をすることのできる人だったからだと聞いた。

子どもの権利の代行者である親・保護者の努力によって地域の学校に入ることができたとしても、その結果が子どもにとって良いものでなかったら不幸である。学校へ行くことが嫌いになってしまったり、行ってはいるけれども、いわゆる「お客さん」として、実質的に放置されてしまったという例も少なくない。

北田倖二さんの「転校してはじめて字を書いた力」(月刊141号、1985・8)によると、最初に入学した小学校は「力君には養護学校が最も適している」という姿勢に終始し、「宇治での3年間、地域の小学校へ通いながらも、力を同じ仲間と認めてくれる友達は出来ずじまい。忙しいという言い訳でお客さんとしての扱いしか受けなかった力は放ったらかし状態で、ついに自分の名前も書けず鉛筆の握りも出来ない状態で終わってしまいました」と北田さんが書かざるを得ない結果になってしまった。力君はその後、大阪の小学校に転校し、そこでまったく違う学校のとりくみと出会うことになるのだが。

せっかく地域の学校に入ることができても「結局うまくいかない」という評価が支配的になってしまったら大変なことだ。

5　どうしたらいいのか

「障害のある子どもがいるクラスを担任したらどうしたらよいのか」という問いに、いますぐここで「こうしたらいい」とはっきりとした処方箋を出すことはできない。ただ、これまでに多くの教師たちが試みてきた経験のなかから、こんなことは役立ちそうだというものを見つけ出すことはできるにちがいない。また認識論などの理論から仮説をたて実践してみることはできる。理論的に接近し、多くの事例のなかから法則性を見出すこともできると思う。

「こうしたらいい」と、いまわたしが考えられることを次に書いてみよう。

自分が立つところを決める

それは「徹底して子どもの側に立つ」ということ。教師であったらその覚悟をすることだといってもいい。「こんな子どもは、このクラスにいる子どもではない」というところに立たない。そこにたって子どもを見たら「この子がいるからうまくいかない」という見方しかできなくなる。これは何も障害のある子どもがいるかいないかの問題ではなく教育の原点だということである。

いまは亡き篠崎恵昭さんが「発達の力と集団——一美ちゃんをとりまく学級集団」（月刊36号、1975・5）に書いている。篠崎さんは全盲の浅井一美さんを普通学級で担任するにあたって、1年生の子どもたちに向かって自分の決意を語っている。

「一美ちゃんは目は見えませんが、みんなといっしょに勉強できることをとっても待っていました。今日がその日です。またいっしょにできるように、いろいろ訓練をしてきました。みなさんは一美ちゃんの力になってあげてください。うんと困っているなと思ったとき、それにころんで方向のわからないとき。そのほかの時は大体自分で何でもやれると思います」。

子どもたちは教師の姿勢を感じ取ったことであろう。

ひとりに目をうばわれるのでなく

わたしは全盲の高橋しのぶさんのいる1年生のクラスを担任した。そのクラスでの実践を『しのぶちゃん日記』（太郎次郎社、1981）という本にした。その本のあとがきの一部をここに再録しよう。

「夏休みの終わりのほうで、学校の教員の合宿研究会をやり、私は一学期のしのぶちゃんのことをレポートした。そのレポートに対し、ひとりの教師が言ってくれたことばが、私の心に響いた。

『平林さんのレポートは、しのぶちゃんのことは書かれているけれども、この一年一組で何をやろうとしたかが書かれていない。一組の子どもたちに、どういう教育をしようとして実践し、その中でしのぶちゃんがどうであったかを見ていくのでなくては、障害をもつ子どもがいっしょに学んでいくことの意味がわからなくなってしまう』

というのである。私が、自分がそうであってはならないと、いましめていたことをずばりといわれてしまった。『しのぶちゃんは三八分の一であり、同時に一である』と他人にも言ってきた私であったが、そうでないところへ落ちこんでしまっていたのである」。

生き生きとたのしく授業をし、日々の生活をしているクラス集団でなければ、障害のある子がどうして生き生きとたのしく生きられようか。ここが最も大切なことである。

授業をたのしめる子どもたちに

教師も子どもたちも、障害のある子どもや問題をもつ子どもの行動にあれこれ気をとられるのでなく、授業をたのしめるクラスにすること。

山田英造さんは「授業が楽しいという言葉を聞きたくて――小学一年生に〈ドライアイスであそぼう〉の授業を試みて」（月刊352号、2003・4）で次のように書いている。

「私のクラスには幼稚園にいたころ、自閉気味と偏見の目で見られていた男の子や、母親からADHD（注意欠陥・多動性障害）ではないかと相談を受けた子もいる。そんなまわりから〝ちょっと変わっている〟と見られる子のほうが、どちらかというと授業にのりだしてきたのである」

と。そして「子どもの喜びは教師の喜び」といっている。まさにそのとおりである。

個別・多様とつき合う

これまで述べてきたことは一般的なことである。だからまずは基本的なこととしておさえておくことだ。

問題は障害のある子どもや問題視されている子どもの行動はそれぞれ個別的で多様だという

ことである。教師が教育をしようとするとき、その多様さにつき合わなくてはならない。「静かにしよう」「席につこう」とか、多くの子どもは授業を進めるうえでの約束ごとを自覚し、そのように行動するが、それがうまくいかない子どもも多い。

「どうしてもコミュニケーションできない」「うまくいかないとパニックを起こしたりする」「信じられないほどの悪口、雑言をはく」「他人に暴力をふるったりする」「物をかくしたり、いじわるをしたりする」などなど月刊『人権と教育』の記事をみるだけでもたいへん個別的で多様である。

ケアという考え方を持ちこんで

ケアという言葉は、医療の現場や、老人介護の現場ではごく普通に使われている言葉であり、また研究も進んでいる。最近では教育の現場でも多く使われるようになった。

ある子どもが悩んだり、困ったり不安にかられたりしているとき、そういう子どもの世話をして悩んだ状態・困った状態・不安な状態をとり除いて、安心した状態にすることをケアと呼んでいいだろう。その手だてがケアすることなのである。ケアすること自体は教育ではない。しかし、不安な状態では学ぶことは困難である。だからケアなしで学びは成立しないといってよいだろう。

一方、学ぶことが結果としてケアになるということはある。あるものが作れるようになって、たいへん落ち着いたなどということはよくある。

障害のある子どもは多くのハンディキャップを負っているのだから、普通学級にいる障害ある子どもは大きな不安の中にいることはいうまでもない。安心できる環境をつくりだすと同時に個別なケアも必要であろう。

気分を看て気分の浄化をはかる

山田英造さんの「情緒障害の子と向き合う――ようやく気分転換のコツを」（雑誌48号、2008・5）この記録には気分転換という認識論から導かれたケアの例がいくつか示されている。それらは「母親の役割」「物の用意〈環境をつくる〉」「担任の先生が抱きしめることによって」などである。

津田道夫著『情緒障害と統合教育』（社会評論社、1997）にも子どもの気分を読みとることの大切さが書かれている。

子どもが見ている世界を観る

子どもの行動・行為を見て、とんでもない子どもだ、どうしようもない子どもだと判断してしまうことが多い。そうではなく、その子どもはどういう世界を観ているからそうするのかを教師や周囲の大人が観ることが大切だということである。

銀林浩さんはユクスキュルの『生物から見た世界』のような見方が必要ではないかといっている（月刊153号、1986・9）。ユクスキュルの本は1933年に書かれたものだ。2005年に日高敏隆・羽田節子訳で岩波文庫として新しく出版された。この中で最も参考になるのは「環境」と「環世界」という概念のちがいである。

障害のある子に限らず、子どもの行動に出会って戸惑うのは、その子どもが環境の中のどの環境を見て（子どもにとっての環世界）そうしているかがわからないからである。

気分を読むというのもそうなのだが、子どもがどんな環境を見て、感じてそんな気分になっているのかを、私たちが少しでも見ることができたら、もう少し子どもとうまく接することができるだろうということである。

たくさんの経験の中から

月刊『人権と教育』、雑誌『人権と教育』にも読み返してみると実にたくさんの親や教師の経験が集積されているのに気づく。

松本キミ子さんの「めかくしの美少女が描いたもやし」（月刊150号、1986・5）など読むと、人が人に近づく、いわゆるケアというものがどういうものかを知らせてくれている。

一人の力でなく

先に紹介した北田倖二さんの『転校してはじめて字を書いた力』の記録を読むと、担任がひとりでかかえこむのではなく、複数の教員が考えを出し合いながら工夫して子どもたちといっしょにやっていくことがいかに大切かがわかる。複数の教員というだけでなく、複数の人と言うべきであろう。子どもたちといっしょにやっていくのは、親たち・保護者たちもそうだし、クラスや学校の子どもたちでもある。菊地絵里子さんの『翔子、地域の学校に生きる』の本に書かれていることはそのことなのではないかと思う。

（平林　浩『増刊・人権と教育』49号、２００８年11月）

重い知的障害の子もみんな一緒

２００６年度は、５年ぶりに「病虚弱児」学級の担任となり、６年生のシオン君（てんかんによる重い知的障害）にかかわることになりました。シオン君とは、彼が入学した年に、担任をしていたので、〝何とかなるだろう〟という気楽な思いがありました。

一年生の頃のシオン君は、まだまだ小さく、動きも早く、いつも「キャー！」という声とともに、自分の気に入った場所へ走っていきました。その後を追うのがみんな一苦労でした。しかし、６年になったシオン君は、お腹にボッテリとお肉をつけて、当時のような俊敏さはみられません。１年の頃の登下校は、お母さんや担任の私と一緒に汗をかきかき歩いていましたが、徐々に、家の人の仕事の関係や次の担任の考え等で、車で送迎になっていきました。

また、けいれん発作を止める薬の影響（？）や、体重が増えたためか、足元が不安定で、３階の原学級〈普通学級〉である６年生のクラスへ行くときは、フラフラしながら階段を上がって行かなければなりません。

1　普通学級で過ごしたい

ある夜、シオン君のお母さんと今回の原稿の件で少し話す機会があったのですが、お母さんは、ぼそっと「シオンは成長ということばから遠い所にいるなぁ」とつぶやかれていました。

シオン君は、就学前の幼稚園のときに、市教委や園の方から、「適正就学指導委員会」の〝答申〟通り、養護学校へ入学することを勧められていました。しかし、保護者の希望が叶えられて、地域の普通学校に入学することができたのです。この間のいきさつは、雑誌『人権と教育』44号で若干ふれています。1年の担任になった私は、とにかく1年生の普通学級で、できるだけ長く時間を過ごすように考えて、行動してきました。

さて、6年生になった彼は、朝、お母さんと9時前に車で登校するのですが、日によっては、車から下りるのを嫌がったり、下りても、なかなか3階の6年生の教室へいこうとしません。あるときは、私の目を盗んで、1階の遊具がいっぱいある障害児学級の教室へ行こうとするのですが、以前みたいにサーッと走れないので、すぐに私に阻止されます。そこで、彼は、その場で、座り込んで、あたかも「抗議」の座り込みのような状況になってしまうのです。

そこから、二人の根比べが始まります。うずくまったまま、時には本当にそのまま眠ってしまうこともあります。そして、側を通る教師や子どもたちが、少し驚きながらも、「大丈夫?」というような顔をしながら、われわれ二人を眺めていきます。

それでも、ほとんどの日は「よいしょ。よいしょ。」とかけ声をかけながら、3階の6年の教室へむかうのです。まるで、登山をしている親子のように。そして、かならず毎日、壁に貼られているカニの絵を見つけては、指を指して「アイタ　アイタタ」と言いながら、私にも同じようにしろと言わんばかりに、私の手を絵のカニの所に近づけさせます。私も、大げさに「アイタタ……アイタタ……」とカニの絵のハサミにはさまれたまねをします。

その様子をちらちらと授業中の教室から、横目で見て、クスッと笑っている子もいます。私は、その子たちを意識しながら何回も、「アイタタ……」とやってしまうのです。こんな自分に、もう一人の自分から「なにやってんねん。」とツッコミが入ります。こんなことをしながら、1時間目の6年1組の教室に入り、「おはよう!」と、みんなに声をかけるのです。実は、「おそよう。」ですが。

シオン君は自分の席で、毎朝、大好きな磁石付のブロックや粘土遊びをします。実は、この活動は、ほとんど、1年の頃と変わっていません。そして、自分の気に入った形を完成させると、「できた!」と手をたたいて声をだします。これも5年前と同じです。このことだけを考えると、あまり、変わってへんなと思うのです。

しかし、毎日、3階の教室まで、足元がふらつく中を上がって行くことや恐らく一番に行きたいはずである障害児学級（仲よし学級）の部屋へ行くのをがまんして、（がまんさせられてかな?）6年の教室に行くことは、私は、彼の「成長」だととらえています。

2　みんなの中でこそ……

ある日の4時間目が終わり、6年の教室では、給食の準備が始まっていました。薬を飲んでいるせいか、昼前に眠たくなることが多く、ときには、給食時間中も、眠ったままで、昼休みや5校時に、起きだして、私と二人で「仲よし学級」の教室でさみしく食べることになってしまうこともありました。

それで、できるだけ、タイミング良く給食の時間に6年の教室に行けるように、4時間目は、「交流」のない時間でも、3階の6年の教室の近くのフロアーや図書室、音楽室などで、活動することにしています。(この時間に、うまくトイレがすませれば、私は、その日は〝超〟気分がいいのです。これも、全く、一方的な教師の都合なのです。ついつい、遊びすぎて、オシッコを漏らしてしまうことがあるので……。)

その日は、タイミング良く給食準備中の教室へ戻ることができて、ホッとしていたら、彼は、自分の席からフラフラと立ち上がって前の方に歩いていき、給食当番の子たちの間に割り込んでしまったのです。私は、あわてて、その後を追い、勝手に手を出して、先に給食を食べてしまわないように、彼の横で「臨戦体制」に入りました。

すると、私の心配をよそに、隣の子のやっているのを見ながら、食器におかずをいれて、並んで待っている子に配りだしたのです。配ってもらった子も、びっくりして、「あ、ありがとう」

と言い、いつも、よくシオンくんと遊んでいる男の子は「シオン君、スゴイ。給食当番やってはって。先生、証拠写真とりいなあ。」と興奮気味に叫んでいます。

私がいつも口うるさく言っても、なかなか食べた食器の片付けも「いや！」とごねて、殆どやらず逃走してしまうのに……。たまたま廊下を通りかかった習字を教えてもらっている先生も、「シオン君、がんばってるやん。」と声をかけながら、ケイタイで、その様子をバチッと、とってくれました。その写真はその日のうちに、家の人に見てもらいました。こうしたことは、私が口で指示したり、写真などを提示して促がしても、なかなか思うようにいきません。

似たようなことは、校内の授業研究会の日にも起こりました。あるクラスの授業を全校の教員が参観するために、その他のクラスは自習することになっていました。シオン君の原学級のクラスはプリント自習です。

私は、彼がどうするかなと思って、廊下からチラチラと様子をうかがっていました。普通の国語などの時間だったら、私を促がして、すぐに外へ出ようとするのですが、この日は、他の子と同じように自分の席に座って本棚から自分の好きな絵本を取り出して静かに読んでいたのです。その間、約15分位、シオン君は、「自習」を他の子とやっていたことになるのです。

3 「奈良の遠足」で……

こうして、ときには、「えっ！」と驚かされながら、1学期の一大イベントの奈良の修学旅行の日が近づいてきました。

この行事では、クラスの子が、5、6人でグループを組んで、JRを利用して、近江八幡から奈良の大仏さんがある東大寺や若草山まで、班行動するのです。JRの発車時刻に合わせて、京都で乗り換えもしなければなりません。時間に拘束された活動は、シオン君にとって、たいへん厳しいものがあります。

そこで、学校から八幡の駅までは家の人に送ってもらうことにして、車内や奈良での活動を班の友だちと過せるようにと考えました。しかし、行きの時間帯は通勤ラッシュと重なり、座ることができず、シオン君は混雑する車内で寝ころがるように座り込んでしまったのです。他の乗客がけげんそうな顔をしています。私は心の中で開き直って、「こんな子もいてええんや」と思い、無理に立ち上がらせることをしませんでした。

さて、奈良駅に着いて、若草山までの長い道のりを歩いて行くのです。普段、なかなか歩く機会のない彼が、どれだけ歩けるか不安です。この日のために、下校時、天気のよい日は、いっしょに40分程かけて、家まで歩いて帰っていました。それをしていたので、歩けるだけ歩いて、後はタクシーでも拾って目的地まで行けばいいと腹をくくっていました。

最初はマイペースながら、歩いて行きましたが、30分程歩いた頃（班の子たちには、先に行ってもらいました。）公園が見えてきました。そこに運悪く（?.）鹿が何頭か姿を現したのです。それを見つけたシオン君はそこで立ち止まり、「かわいいね。」シカに声をかけながら、その場から動かなくなりました。（ゲームアウト！）

しかたがないので、しばらく鹿と遊んで、逆方向に走るタクシーを拾い、昼食目的地の若草山へ一足先に行くことになりました。時間の制約のある行事になると、どうしても友だちと同じ行動をとるのが難しいなあと実感しました。

4　中学進学に関して

6月の終わり頃、教育委員会から「就学指導委員会」にかかわる問い合わせの電話が学校に入りました。

その電話の主は、『シオン君の障害は「○△☆～？」（要するに障害が重いということらしい。）なのに、保護者の希望は地域の中学校と書かれているが、学校として、〝正しく〟障害に応じた学校（養護学校）をすすめないのか』と言う内容でした。私はムカッときたので、その教委の電話の主に「6年間、この学校で学習していたことは〝正しく〟なかったのか。それを市教委は毎年何も言ってこなかったのに、今になって言うのは、おかしい。また、就学指導委員会を開く前に、勝手にどこが良いと決めるのは、おかしい……」など怒りながらいっぱい喋ったら、相手は黙ってしまったのです。

だいたい、「就学先」を決めるのは、シオン君本人です。また、教委の権力をカサにあたかも「無知」な保護者を指導せよと言わんばかりの態度にいま思い出しても腹が立ちます。

「シオン君が当たり前にいる」学校こそが、大多数の「健常」と言われる子が生きやすい学校だと思います。

（高坂　徹『増刊・人権と教育』45号、２００６年11月）

Ⅱ　いじめ・不登校をどう解決したか

いじめを放置する学校（桂山隼人くんの場合）

先日（２０１０年９月14日）、文科省が発表したところによると、09年度の学校におけるいじめ件数は７万２７７８件にも及んだ。３年前は12万５０００件にも達していたというのだから寒気が走る。同省は、今回の調査には把握不足があるのではと、都道府県教委に再調査を要請したという。

いじめについて、一般に軽く考えられてはいないか。私の小学校教員時代の教え子に、私立高校でいじめを受け続け、統合失調症を患ってしまった男性がいる。極真空手を習い、師範の腕前を持つまでになったのだが、40歳になったいまも、しばしば当時のことがフラッシュバックのように蘇り、そのたびに怒りと憎しみがあふれだしてきて、どうしようもない気分に陥るという。その例一つとっても、いじめは人権侵害以外の何ものでもないのである。この間、学校が鋭敏にこれに対応してきていたなら、これほどまでにいじめが陰湿化し、習慣化されていくこともなかったにちがいない（この機会に18歳未満の子どもの「文化的、精神発達を含む個人の発達」を阻害しかねない抑圧機能をもつ習慣、きまり、制度、たとえば高校選抜制度や制服なども併せて見直されなければならない)。いじめは社会の人権感覚を計るバロメーターといえよう。

その矛先が障害児に向けられないはずがない。それを憂慮するあまり、地域の通常学級への就学をあきらめる親御さんもいると聞く。しかし、気弱になっていては現状の解決に一歩も近づけない。もし学校がいじめを放置するなら、泣き寝入りをすることなく、就学してからも「親(本来的には本人)の学校選択権」を行使して学校側の監督義務を問い質していく以外にない、と私は思う。

1 パニックが問題なの?

2010年5月末、福島市にお住まいの桂山かおりさんから「実現する会」事務所に相談の電話が入った。二男の小学5年生の隼人君(自閉症)は、地域の通常学級に通っているが、学級内でからかわれたり、いやがらせを受けたりしているというのである。同君の通う福島市立飯坂小学校は全学年が二クラス、一クラスの児童数20数人という小さな学校だ。

隼人君は計算が得意な半面、文章問題となると歯が立たないらしい。知的障害をともなうので読む、書く、聞く、話すなどの面で困難が現れているようなのである。そこでお母さんは、「そのとき走ったの? それとも歩いたの?」と、選択肢をだしながら話を引きだす工夫をしているという。

いじめを受けるのは、障害があるからとしか考えられない。現に2年生の時、6年生から、よくからわれていた。しかし、当時の担任はその事実を隠そうとしたようだ。幸い、3、4年生の時は、担任が同君の立場にたって配慮してくれたので、そんないやな思いはしなくてすんだという。

さて、新学期が始まってしばらくして、隼人君が泣きながら帰ってくるではないか。自然観察の帰り、同じ観察班の子から置き去りにされたらしい。担任は20代の女性。お母さんが電話をいれると、「班の子が、隼人君を連れてくるのを忘れただけだといっています」とそっけない。

その後も、いじめは続いた。

昇降口で髪の毛をひっぱられたり、おなかを蹴られたりしたこともあった。そこで、隼人君もパニックになってしまい、取っ組み合いになった。クラスの女子がそれを目撃していて、迎えに来たお母さんに一部始終を話してくれたので、その足で担任に事情を伝えに行ったところ、「調べてみます」という返事である。ところが5月にはいると、「同級生がケガをしたので、お時間ちょっといいですか」と担任から呼び出しがかかった。どうも、学校側は、隼人君のパニックのほうだけを問題にしているようなのだ。

その頃には、隼人君を毛嫌いする雰囲気がクラスの中にできあがっていたと思われる。たとえば、5月下旬の運動会のとき、同君が次の競技の準備のため、長袖の運動着に着替えようとして、バックを他の子の席にひょいと置いた。すると、その席の子がそれをいやがったので、同級生の一人が何を思ったか、同君のバックを持ち去ろうとしたのだ。そこで、あわてて取り返そうとして揉みあいになった。ところが、周りの子はそれを止めるどころか、持ち去ろうとした子に加勢する子もでてきたのである。

そんな学級の空気に押されて同君も孤立感を深めていったにちがいない。こんな状況下であれば、誰だって情緒不安に陥るといえないか。そこで、関係のない友だちをたたいたこともあったようだ。それについては、ご両親も謝りたいと考えている。

そもそも、隼人君がいじめを受けるのはなぜか。それは、社会一般にある障害者にたいするさげすみの感情が子どもたちの心にも浸透しているからにちがいない。もちろん、子どもたちはそれを意識しているわけではない。それが気分のようなかたちをとっているので、子どもたち自身もそれを自覚できないでいる。そこで、無批判的にいじめに同調するという雰囲気も容易に生まれてくるのである。

だが、何といっても、いちばんの問題は、学校側の姿勢だ。偏見のない精神で早期に問題解決にあたってくれれば、いじめに関わった子どもたちも反省してくれたにちがいない。ところが、いじめの原因が隼人君にもあるかのように考え、結果としていじめを放置してしまったのである。さっそく、桂山さんは、学校側に話し合いを求めた。

2 「特学イデオロギー」は、なお根強く

5月25日には石川逸子教頭と、その翌日には長尾一夫校長同席のもと再び同教頭と、さらに、6月3日には、長尾校長本人とも話し合った。

石川教頭との話し合い。なんと相手の児童がこの話し合いに同席させられていたのだ。ご両親の目の前で、「隼人君がパニックになったら、職員室に逃げてきなさい」などと子どもに話したという。すると、子どもたちがいっせいに「はい」と答える。その後、部屋から退出させられた。なんという理不尽な演出だろう。これでは隼人君を「問題児」だと決めつけているのと同じではないか。ご両親は断腸の思いであったにちがいない。

さらに、「トラブル」が昼休みの時間に起きたのを理由に、「授業時間以外、先生方は児童の様子をみる必要はない」などといいはる。「これは学校の管理下で起きたことなのだから、学校に責任があるはず」と、ご両親がいいかえすと、「学校では、これ以上、対応できないので、そろそろ教育の仕方を教育委員会に相談してください」などという。まるで特別支援学級に移籍しろといわんばかりなのである。

ついで長尾校長との話し合い。おどろいたことに、「入学前の健診で、教育委員会から特別支援学級が妥当だと診断されていますね」と、解決済みの就学前の就学指導委員会でのことをもちだしてきたのである。「その件については、こちらからは入学の際に、通常学級で学習させるということで決定済みのことです」と、きっぱりと話すと、「隼人君の学力ですが、五年

生レベルに達していないようですが」などといいだした。

そこで、「特別支援学級に隼人を編入させることは考えていません」と、学籍問題に話をすりかえるのを封殺した。すると、こんどは、「またトラブルがあっても、学校では対応できません。桂山さんも学校に協力してください」などといいだすのだ。これにたいし、「協力はできません。親の管理下にはないことなので、対応できません」と断るのだが、その後も、校長は、しつこく、「保護者の協力が必要です」といい続ける。

学校側にはいじめを解決しようという意志が微塵も見られない。隼人君を特別支援学級に移籍させるか、もし通常学級にいるのなら、親に付き添いをしろというのが、つまるところ学校側の言い分なのだ。健常児の親だと、おくびにもださないそんな乱暴な言い草を、なぜ障害児の親だと平気でいえるのか。

長尾校長や石川教頭の言動の後ろ盾になっているものとは、学校現場にいわば空気のようにたゆたっている「特学イデオロギー」（そういう言葉を使うほかないが）にほかならない。つまり、「障害児は通常学級ではなく、特別支援教育の場に行くべきなのだ」、「障害児集団のなかでこそ本人の成長も望めるし、そのほうが幸せなのだ」という学校現場特有の常識がそれである。結局、そのような偏狭な思いこみが、いまの別学体制を固定化していく方向で働いているのはいうまでもない。そして、今回のように障害児の親が当然の権利行使をすると、それが牙をむくのだ。

では、これにたいし、1994年に日本政府が批准した「子どもの権利条約」の23条（障害児の権利）では、どのような教育援助がなされねばならないとされているか。すなわち、その援助は、「障害児の可能なかぎり最大限の社会的統合と、文化的、精神的発達を含む個人の発達を助けるような方法」でなされねばならず、またそれが権利として保障されると謳われているのである。つまり、統合的な環境と個人の文化的、精神的発達とを機械的に対立させられることなく、両者を調和させる方向での教育援助が権利として保障されねばならないということなのだ（私たち「実現する会」がこの間、同条文を地域校就学運動の旗として役立ててきているのも、右に述べたことからも明らかであろう）。

3　学校側の「監督義務」とは？

それにしても、親が法律に詳しくないと思って、学校側が「監督義務」のいいかげんな履行を、へたな理屈で覆い隠そうとするのは、いかがなものか。いわゆる「いじめ裁判」の判決でも明らかなように、学校側には、子どもの生命や身体ならびに精神に違法な侵害が加えられないようにするための「監督義務」があるのだ。浦和地裁による「三室小学校いじめ負傷判決」（1985年）をみてみよう。

この裁判は、小学校四年生の女子が「ずっこけ」と称する遊びで足元に滑り込みをかけられて転倒し、前歯二本が脱け落ちるという傷害を負ったことにたいして、被害者側の親が、学校と加害者側の二人の子どもの親に損害賠償を請求したものである（1979年）。

判決では、まず、「小学校の校長や担任の教諭には、その教育活動の効果を十分に発揮する必要上、法定監督義務者の監督義務を一時的に排除して、児童を監督する権利義務が与えられている」とした。

ここでいわれる「法定監督義務者」とは、「親権を行う者（法定保護者）」もしくは「子どもの養育と発達にたいする第一次的な責任をもつ者」（子どもの権利条約18条）、すなわち親であるのはいうまでもない。つまり、子どもが学校にいる間、親はその「監督義務」を学校側（つまり校長もしくは担任）に一時的に委譲しているということになるのである。

そこで、「学校で起きた児童の違法行為に関しては、学校側のみが責任を負担し、親権者はその責任を負わない場合のあり得ることは、これは認めなければならない」とする。

つまり、子どもが学校にいる間、学校側は、親から「保護監督義務」を一時的に委譲されていることになるのです。子どもによる違法な行為が起きた場合、まずは学校側が保護・監督責任を負わなければならないのである。これは、学校側に児童の違法行為に関する第一次的責任があることを明らかにした法律解釈にほかならない。

ついで、「しかしながら親権者は、その子たる児童が家庭内にいると家庭外にいるとを問わず、原則として子どもの生活関係全般にわたってこれを保護監督すべきである」としたうえで、親は、「少なくとも、社会生活を営んでいくうえでの基本規範の一つとして、他人の生命、身体に対し不法な侵害を加えることのないよう、子に対し、常日頃から社会生活規範についての理解と認識を深め、これを身につけさせる教育を行う義務がある」とした。

つまり、親の「保護監督義務」とは、他人の生命・権利にたいし不法な侵害を加えることのないよう、これを尊重するしつけ教育を行う義務でもあるということである。

そして、「親権者が右のような内容を有する保護監督義務を怠らなかったものと認められる場合でない限り、（学校関係者の責任の有無とは別に）右事故により生じた損害を賠償すべき責任を負担するものというべきである」とした。つまり、しつけ教育を放棄するなど、親としての「保護監督義務」を怠ったと認められる場合にのみ、学校管理下で起きたことであっても、親の側もその責任を分担するとしたのである。

もちろん、桂山さんとしては、さしあたり、相手の子どもを責めるつもりはないし、相手の親の保護・監督責任を問う考えもない。いじめを放置した学校側の責任を第一義的に問うているのである。ところが、学校側の姿勢からは、その責任を自覚する片鱗すらみえない。それどころか、隼人君を厄介視するような態度があからさまなのである。

4　教委交渉で解決を図る

こと、ここにいたっては止むを得ない。ご両親は、6月10日、「桂山隼人にたいする学級内いじめの早期解決に関する要望書」（資料編に掲載）を市教育長宛てに内容証明郵便で発送。

その一週後の同月18日に市教委交渉が決まった。これには、ご両親と、学校教育課主幹吉田務氏、同指導係長佐藤哲氏、他一名が出席。以下、双方で確認されたことを中心に、その様子をかいつまんで紹介しておきたい。

吉田主幹は、要望書が届くとすぐに学校に出かけ、いじめ再発防止の対策をとったと説明。「安心して本当に楽しく学校生活を送れることは、子どもにとって最大の権利であると思う」と、ご両親の要望に理解をしめした。そして、「いじめ」の経過を急ぎ調査すると約束した。

だが、ご両親としては、いじめに関係した子どもを調べてくれなどとはひと言もいっていない。いじめをやめさせてほしいと要望した時点で学校側が誠実に対処してこなかったことこそが問題であると言い続けてきたのである。その点を改めてその場できちんと話しておかなかったことが悔やまれる。

先だつ6月3日の長尾校長との話し合いにおいては、校長が「保護者の協力が必要である」と言い続けたことについて、「子どもをお預かりした学校管理下については、学校に第一次的責任がある」と、また、「結局、いじめがあるなしに関わらず、こういうことが起こること自体がそもそも間違っている。(中略)学校を経営する校長や教頭は、保護者の方や子ども本人に困り感が生じないようにやるのが務めである」と学校側の非を認めたのだった。

続けて、「いじめとか何かに関わらず、やっぱりこういうことが起こっているという実態というのが非常にまずいことだと教育委員会としては思っている」と明言した。これは、遺憾の意の表明とも受けとれるものである。そして、「気持ちよくお子さんが生活できるように教育委員会としてもお子さんを支援していきたい」と、隼人君の側に立って問題解決を図るとの考えを明らかにした。

さらに、長尾校長が、「就学時健診で教育委員会から特別支援学級への就学が妥当だと診断されていましたよね」と言ったことについては、「入学前、保護者の方は、特別支援学級には就学させないと明確に言っていますよね。保護者の考えが変わらないかぎりは、卒業まで通常学級就学でいきますよね」と、当然とはいえ、ご両親の考えに理解をしめした。

最後に、「この要望書にもあるように、早急にお子さんが安心して生活できるような状況を作ることが最優先であり、『いじめ』があればそれをやめさせることを最優先にしていきたい」と約束した。

3日後、ご両親名で双方の間で確認された事項を列記した「話し合いメモ」（資料編に掲載）が教育長宛に内容証明郵便で送付された。

また、こうした経過を長尾校長に知らせておくため、教育長宛要望書と「話し合いメモ」のコピーが同校長に郵送された。

それから数日後、桂山さんは、校長と、教委の吉田主幹の双方から電話を受けた。校長からは、もう一度話し合いたいというものだった。また、吉田主幹からの電話は、直接、学校に出向いて指導に当たっているという経過報告であった。そこで、吉田主幹にたいし、桂山さんは、

「学校側が話し合いたいと言ってきているが、いじめを放置していたことについて陳謝したいというのなら話し合ってもよい」と伝えた。そして、その話し合いに同主幹の同席を求めた。最悪の場合は、学校側の尻をひっぱたいてくれるだろうと予想してのことである。

7月9日、学校側との話し合いがもたれた。その席で、まずは市教委の同主幹が、ついで校長が立って、「監督義務」の放棄ならびに特別支援学級への「移籍」や「協力」などを強いる発言を行ったことについて、「申し訳ありませんでした」とふかぶかと頭をさげた。

5　隼人君問題が提起していること

さて、子どもの権利条約を再びとりあげよう。その第一条には、「子どもとは満18歳のすべての者をいう」と定義され、ついで第二条には、「どんな種類の差別」も禁止することが謳われている。なかでも「障害による差別の禁止」を謳ったのは同条約が最初なのである。つまり、差別の撤廃、いいかえれば、社会のさげすみの感情から子どもたちを解放していくことが極めて重要視されているといえよう。

しかも、日本国憲法は、国際条約や国際法規を「誠実に遵守することを必要とする」（98条2項）と、その遵守義務を定めているのである。

これを踏まえ、すべての公立学校は、「障害による差別の禁止」を真正面から教育の課題として取り上げるべきであると、私は考える。そのことは、地域の多様な子どもたちを丸ごと包み込みながら、同時に一人一人のニーズに対応していくというインクルーシブ教育がそもそもの出発点から抱え込んでいる課題でもあるといえるだろう。

幼い子どもは、蔑みの感情を誰から学ぶのか。それは大人以外でない。たとえば、私なども幼い頃、障害者に接して、「そばに寄られるだけでぞっとする」とか、「そのひとが触れたと思うだけで捨てたくなる」という感情を抱いたことがある。おそらく、そういう感情は父から学んだものにちがいない。父のちょっとした振る舞いに現された特有の気分が、そばにいた私にも伝播されていったのであろうと思う。幼い私は、そうした振る舞いを批判的にみることはできないので、父の気分がそのときの振る舞いとともに記憶されていき、私の心に根を下ろしていったにちがいない。

そういう感情を培った子どもは、障害児と接したときにひょいとそのときの親の振舞いが思い出されてきて、心ならずも、つい、いやがらせをこころみてしまうのではないだろうか。それが意図的なものではないので、本人もいじめであるとは自覚できない。さげすみの感情は私たちの心にしっかり根を張っているのである。

それから解放されるには、それを知的反省の対象に据えることをしなければならない。教育を待たねばならない理由である。したがって、隼人君の問題は、学校教育が真剣に取り組まねばならない大切な課題を突きつけているといえよう。

こうしてご両親のねばり強いたたかいによって、同君にたいするいじめは終息に向かいつつあるようだ。だが、生徒や教員間にたゆたっているさげすみの感情が克服されたわけではない。その意味でさしあたりの解決といえよう。しかし、隼人君にたいするいじめの終息は、ご両親が泣き寝入りをしないで、就学してからも「親（本来的には本人）の学校選択権」を行使して勝ち得た成果だということである。このことはいくら強調しても、しすぎることはない。

（山田英造『増刊・人権と教育』52号、2010年11月）

私は泣き寝入りしない

わが家には、中学2年（特別支援学級在籍）の勇輝と小学5年（通常学級在籍）の隼人がいます。二人とも自閉症です。

今春、下の子の隼人が5年生に進級するや、頻繁に同じクラスの男子からいじめを受けるようになりました。あまりひどいので、いじめをやめさせてほしいと、学校側に申し入れました。ところが、学校側（長尾一夫校長・石川逸子教頭）は、「授業時間以外、先生方は児童の様子をみる必要はない」だとか、「これ以上、対応できないので、そろそろ教育の仕方を教育委員会に相談してください」などと、この問題に誠実に対応してくれません。いじめは人権侵害です。そこで、「実現する会」事務局の山田さんとも相談し、福島市教委教育長に要望書をだしました。

1　教委側、いじめ解決を約束

交渉の席で、学校教育課主幹吉田務氏（教育長権限を代行）は、「こういうことが起こることじたいが間違っている」と学校側の非を認め、「気持ちよくお子さんが生活できるように教育委員会としても支援していきたい」と、隼人の立場にたって問題を解決してくれることを約束してくれました。その後、吉田主幹同席のもと、学校側と話し合い、その席で市教委と学校側が「ご迷惑をお掛けしました」と私たちに謝ったのです（詳しくは月刊『人権と教育』439号の関連記事をご覧いただけると幸いです）。

その結果、どうにかいじめも終息に向かいました。7月中旬、2泊3日で5年生の宿泊学習が行われました。前年度、支援学級のお子さんが、校長から「宿泊学習に参加しないでほしい」と言われたため、参加できなかったと聞いていたので（これは障害児童にたいする教育差別だと思います）、隼人にたいしても「参加しないでほしい」と言ってくるのではと心配していました。しかし、学校側からは何もいってきませんでした。

おそらく、いじめの問題で教委と話し合ったとき、教委と私どもとの間で、「隼人君が安心して学校生活を送れるように学校側は配慮しなければならない」という一項を確認していたので、今回、それが功を奏したものと思います。また、当初、学校側は、宿泊学習には支援員を付けないと言っていたのですが、今回、それも改められ、支援員が一緒に行くことになったのです。

当日の朝は、あいにくの雨でした。でも、隼人は、大きなかばんを肩からさげて、「重い」と言いながら、とてもはりきっていました。宿泊地のいわき市は雨が降らずにすんだようで、すべての活動を楽しんだようです。磯遊びやいかだ遊びも十分満喫し、貝殻をおみやげに持ち帰りました。ナイトハイクは、「暗くて怖かった」そうです。キャンプファイヤーの出し物は「現代版桃太郎」。隼人は、桃太郎の役をやったそうですが、どんな桃太郎だったのでしょうか。

自然の家から帰って来た時、校長から「すべての活動にみんなと同じように参加できました」と報告を受けました。

2　いじめに遭っても責任がもてない？

いじめにたいして学校側に納得のいく解決を求めたのは、実は、兄の勇輝が小学校時、やはりいじめを受けたさい、学校側の対応に不満があったことも理由の一つです。

勇輝は、小学校就学時、就学指導委員会にかけられ、「特別支援学校が妥当」と判断されました。しかし、私は地域の小学校に入学させようと思っていましたので、何度も当時の校長と交渉し、学区小就学をかちとったのです。

交渉の席で校長は、「他の子どもたちは、精神的にもどんどん成長していきます。高学年になって、いじめにあっても学校は責任をもてません」などといいました。正直、これが教育者のいう言葉だろうかと耳を疑いました。しかし、息子たちがいじめにあうたび、教師たちのほとんどがそう思っているのではないかと思うようになったのです。

隼人がいじめに遭ったのは、小学2年のときでした。ある日、隼人の担任から、「突然、高学年の児童の手を引っかいたのですが」と伝えられました。ふだんひとを引っかいたりしない子なので、「どうしてそういう状態になっているのですか」と、たずねてみました。すると、担任はようやく隼人が6年生にいじめられていることを認めたのです。

そこで、「いじめがなくならないかぎり、隼人が高学年の子にケガをさせないようにするのは、むりです」と伝えると、担任は、「わかりました。高学年の児童に接触するときには、私が付いて行きます」と約束してくれました。

当時、兄の5年生の勇輝にも思いあたることがあったので、本人に「6年生からいじめられていないか」をたずねてみたところ、やはり、「いじめられている」というのです。早速、連絡帳で担任に連絡したのですが、何の反応もありませんでした。勇輝なりに教室からなるべく出ないなどの自衛策をとっているようなので、担任にそれ以上のことは言いませんでした。

3 二度と心から後悔したくないから

その頃、6年生の学級は学年崩壊していました。校長をはじめ、教師の言うことを聞かない状態で、「早く卒業してほしい」と、教師たちが思っているのがわかるほどでした。結局、この教師たちに「6年生のいじめをなくしてほしい」と言っても無駄だとあきらめてしまったのです。2年後、それを心から後悔しました。

それが去年、勇輝が中学校に入学した時のことでした。いじめをしていた6年生は中学2年生になっていました。いじめられていないだろうかと心配しつつ、秋になりました。ある日から勇輝が運動靴をビショビショにして、帰ってくるようになりました。はじめは、水遊びをして濡らしてくるのだろうくらいに思っていました。でも、毎日続くので、「どうして、毎日濡らしてくるの?」とたずねたところ、「ぼくじゃない。帰ろうとすると、濡れているんだ」というのです。

運動靴を調べると、アルコールのにおいがします。その頃、新型インフルエンザが流行っていて、昇降口に消毒用アルコールが置いてありました。そのアルコールを使ったに違いありません。「2年生にいじめられているの」ときくと、「うん」と言います。「いつからなの?」ときくと、「4月から」との返事。それまで気付かなかった自分に腹が立ちました。

すぐに担任に電話で伝えました。すると、担任は「運動靴はげた箱に置かずに、教室まで持ってきてください。生徒への指導は生活指導の先生と相談します」というのです。そして、いじめにたいする対応も、各クラスで「人の物にいたずらをしてはいけない」と注意するだけでした。

そんなことでは、いじめはなくならないと思い、教育センターが主催する「いじめ相談電話」に相談しました。そこで教わったことをもとに、直接校長にいじめ対策を要請したのです。それは、全校生徒に「勇輝にいじめを行なっている人を知っているか」をたずねるアンケート調査でした。

4 いじめを放置する学校

学校側はいろいろ理由を付けて、なかなか実施してくれないのです。何度も学校に足をはこび、それの実施を要請し、全校生徒から取り終わるのに1か月近くかかりました。

アンケート結果は、「誰が勇輝の運動靴を濡らしたのかはわからない」というものでした。2年生の誰かだろうとは思っていても証拠がないので、それ以上何もできませんでした。その後、勇輝に対するいじめはなくなったので、成果はあったのかもしれません。

小学生時、いじめ対策をもっとねばり強く学校側に求めていたら、上の子が中学校でもいじめにあわずにすんだはずなのにと何度も後悔しました。そんな折、今度は弟の隼人がいじめにあうようになったのです。今度こそしっかり対処していこうと、「実現する会」事務局に相談したのでした。その結果は、後掲資料に明らかです。

夏休み中、隼人は、ラジオ体操や学校のプールに、積極的に参加しました。数年ぶりの海水浴では皮がむけ、痛がっていました。映画館で3D映画を観て興奮するなど、充実した夏休みになりました。そんな隼人をみるにつけ、泣き寝入りしないで本当によかったと思うのです。

それまでは、親（本来的には本人）の学校選択権について知りもしませんでした。でも、事務局の山田さんと細かく連絡をとりながら、学校側と交渉し、そして市教委に要望書をだし、夫婦で交渉に臨むなかで、ようやくその考えが実感として理解できたように思うのです。そして、いま、子どもの権利を代行することの重みをひしひしと感じています。


（桂山かおり『増刊・人権と教育』52号、２０１０年11月）

《資料》桂山隼人くん学級内いじめ事件　要望書・話し合いメモ

1　桂山隼人にたいする学級内いじめの早期解決に関する要望書

二男の隼人（自閉症）は現在、福島市立飯坂小学校5学年に在籍しています。

この4月、進級に伴うクラス替えがあってからというもの、学級内で何かにつけ、からかわれたり、いやがらせを受けたりしています。隼人が自閉症を負うがゆえとしか考えられません。

2年生の時も、6年生からからかわれることがありました。幸い、3、4年生の頃は、担任の先生のご配慮でいじめられるということはありませんでした。5年生になり、よそのクラスから来た子が隼人をいじめることがないかしらと、心配していた矢先のことでした。

4月に行われた理科の野外観察では、グループの子から置き去りにされるということがありました。本人もよほどショックだったようです。家に帰ってからも泣き続けていました。

からかわれたり、いやがらせを受けたりすると、悔しくて、相手に向かって行くのですが、本人の見ていないところでいやがらせを受けることもあります。それで、相手を見誤り、何の関係もない子に怒りをぶつけたこともあったようです。

しかし、もし担任が、隼人の立場に立ち、偏見のない心で公平にこの問題の解決を図っていれば、いじめが長引くことはなかったはずです。また、本人の情緒も安定する方向にむかったと思うのです。

ところが、担任の佐川聖子教諭（20代の女性）は、教職経験が浅いこともあってか、この問題の原因を見誤り、結局、隼人の乱暴だけを問題視してしまいました。ケンカが起きると、まず息子に原因があるのでは、と疑いをかけたのです。

それだけではありません。4月のある日、昇降口で同じクラスの男子から髪の毛をひっぱられたり、おなかを蹴られたりしたので、隼人が反撃に出てケンカになってしまいました。同じクラスの女子がこの光景を目撃し、一部始終を報告したにもかかわらず、佐川教諭から、相手の男子を指導したとの報告は伺っておりません。5月25日のケンカで隼人が下唇を負傷した時も、「ケンカで怪我をした」との報告があっただけでした。

いじめは、どんな理由であれ、絶対に見過ごされてはならないはずです。とりわけ、息子の場合は、そのいじめが障害児にたいする偏見のようなものに発していると思われますので、それを放置、黙認すれば、いじめを助長する結果を招くのは火を見るより明らかなことではないでしょうか。

この件で5月25日には石川逸子教頭と、5月26日には長尾一夫校長同席のもと石川教頭と、さらに6月3日には、長尾校長と話し合いました。

石川教頭は、ケンカが休み時間内に起きたというので、「授業時間以外、先生方は児童の様子を観る必要はない」などと強弁し、学校側の責任を回避することだけに終始しました。

長尾校長は、「保護者の協力が必要」であると終始いい続けました。必要な協力は惜しみませんが、私どもの義務でもないことを「協力」という名の元に強要するのはいかがなものでしょうか。「それは認められない」ときっぱり断りました。

ご承知のように、いわゆる「いじめ裁判」の判決において、学校には、子どもの生命や身体、精神に違法な侵害が加えられないようにするため、適切な配慮を行う「安全配慮義務」があることが明らかにされています。長尾校長ならびに石川教頭が、学校に課せられている、子どもへのその義務ならびに「監督義務」をご存じないのは、学校教育の責任を負う立場にあるものとしての資質を疑わざるをえないといったら、いいすぎでしょうか。

「昼休み時間が職員の休憩時間に当たっているから」云々の理屈もおかしなものです。たとえ昼休みの時間が職員の休憩時間に充てられているとしても、学校は機能しているわけですから、その「安全配慮義務」をまぬがれないのは明らかです。

学級内のいじめが早急に解決され、隼人がクラスのお友だちと何のわだかまりもなく心穏やかにすごせるよう、教室環境を可及的速やかに整えていただきたく、取り急ぎ要望するものです。

記

一「学級内のいじめの経過」ならびに「5月25日、26日、6月3日の学校側との話し合いの経過」については、別に資料を添付しました。ここでは学校側との話し合いの経過をかいつまんで述べておきます。なお、発言については録音したわけではありませんので一言一句その通りではありませんが、その主旨は違えていません。

5月25日と26日の石川逸子教頭との話し合い。前述したように、石川教頭は、ケンカが休み時間内に起きたというので、「授業時間以外、先生方は児童の様子を観る必要はない」などと強弁したのは、理不尽としかいいようがありません。

さらに、納得がいかないのは、「学校では、これ以上、対応できないので、そろそろ教育の仕方を教育委員会に相談してください」という発言です。

これでは、今回のいじめの原因が隼人にあるといっているのと同じことではないでしょうか。息子をやっかいもの扱いしているといわざるをえません。そこに、自閉症の子どもにたいする偏見が見え隠れしているといったら、いいすぎでしょうか。

もっと驚いたのは、石川教頭の判断で、ケンカ相手の児童を話し合いに同席させたことです。しかも、私どもの目の前で、隼人がパニックに陥ったら、「職員室に逃げてきなさい」などと子どもを指導したのです。いったい、これは、どのような魂胆があってのことでしょうか。まずはいじめの事実が調査されるべきなのです。

先生方を指導する立場にある管理職が、このような軽率な言動をとるのはいかがなものかと考えます。学校への信頼を失いかねない言動といえます。

去る6月3日の長尾一夫校長との話し合い。長尾校長が、息子が何の理由もなく、クラスメートをたたいているかのように思っていたのには、正直、驚きました。事情を話すと、いちおうは納得してくれました。しかし、こちらが了解できない発言が多々ありました。

なかでも到底納得できなかったのは、隼人がいじめに腹を立て、それがきっかけでクラスメートに乱暴をくわえ、怪我を負わせたら、だれが責任をとるのか、「親も責任をとるべきだ」と言いきったことです。

そのような仮定の話に安易に乗ったことを、いま反省しています。

その後、帰宅してから埼玉県の浦和地裁による「三室小学校いじめ負傷判決」（1985年）を調べてみたところ、校長の発言は学校の責任を回避する理屈以外でないと思わざるをえませんでした。

この裁判は、小学校四年生の女子がずっこけと称する遊びで足元に滑り込みをかけられ転倒し、前歯二本を脱臼するという傷害を負ったことにたいして、学校と生徒二人の親に損害賠償を請求したものです（1979年）。

判決では、まず、「小学校の校長や担任の教諭には、その教育活動の効果を十分に発揮する必要上、法定監督義務者の監督義務を一時的に排除して、児童を監督する権利義務が与えられている」としています。つまり、子どもが学校にいる間は、校長や担任に子どもを「監督する権利義務」があるということなのです。

ですから、「学校で起きた児童の違法行為に関しては、学校側のみが責任を負担し、親権者はその責任を負わない場合のあり得ることは、これは認めなければならない」と、学校側の第一次的責任が明らかにされています。

ついで、「しかしながら親権者は、その子たる児童が家庭内にいると家庭外にいるとを問わず、原則として子どもの生活関係全般にわたってこれを保護監督すべきである」として、親の「保護監督義務」を明らかにしました。そして、親権者は、「少なくとも、社会生活を営んでいくうえでの基本規範の一つとして、他人の生命、身体に対し不法な侵害を加えることのないよう、子に対し、常日頃から社会生活規範についての理解と認識を深め、これを身につけさせる教育を行う義務がある」としています。

そのうえで、「親権者が右のような内容を有する保護監督義務を怠らなかったものと認められる場合でない限り、（学校関係者の責任の有無とは別に）右事故により生じた損害を賠償すべき責任を負担するものというべきである」と、子どものしつけを放棄するなど、親としての「保護監督義務」を怠った場合にのみ、加害者側の子どもの親は賠償責任を有するとしています。

しかし、何度も言いますが、隼人は、いじめられている側です。やみくもに周りの子に乱暴を働いているわけではありません。いやがらせやからかわれた結果、悔しくて手を出したのです。もちろん、暴力はいけませんし、本人もそのことはよく分かっています。

そこで強調したいのは、ケンカの原因は、すべてクラスの男子によるいじめに端を発したものだということです。いじめさえなくなれば、隼人が情緒不安を起こすことはないのです。この点をあいまいにして、親が法律に詳しくないと思って、学校側の子どもへの「監督義務」もしくは「安全配慮義務」に関するサボタージュを覆い隠そうとするのは、いかがなものでしょうか。私どもには、障害児にたいするいじめを軽視しているかのような印象すら受けます。

二　ご承知のように、『子どもの権利条約』第二条において、「どんな種類の差別」も禁止されています。

この条約は、子どもを保護の対象から権利の主体へと転換を図った画期的な国際条約です。日本政府も1994年に批准しています。

日本国憲法第九十八条第二項には、「日本国が締結した条約及び確立された国際法規は、これを誠実に遵守することを必要とする」と定められています。ですから、公教育機関においても、この条約の遵守義務を踏まえて、差別を排除する教育をきちんと行うべきものと考えます。

同条約の第二十三条においては、障害児の特別なニーズを認め、社会、公共の側が行うべき援助を次のように定めています。すなわち、「障害児の可能なかぎり最大限の社会的統合と、文化的、精神的発達を含む個人の発達を助けるような方法で、教育、訓練、保健サービス」等々のことが保障されなければならないというのがそれです。つまり、統合教育が障害児の「教育への権利」として、はっきり謳われているということなのです。貴職におかれては、特にもこの点にご留意願います。

三　また、ご承知のように学校教育法には、国民が選択するべき学校の種類とその目的が定められています。たとえば、学校教育法第七十二条には、「特別支援学校は、視覚障害者、聴覚障害者、知的障害者、肢体不自由者又は病弱者に対して幼稚園、小学校、中学校又は高等学校に準ずる教育を施すとともに、障害による学習上または生活上の困難を克服し自立を図るために必要な知識技能を授けることを目的とする」とあります。

しかし、この条文は、たんに「特別支援学校の目的」を定めたものにすぎず、就学するべき学校を義務づけているものではありません。

また、同第七十五条には「第七十二条に規定する視覚障害者または聴覚障害者、知的障害者、肢体不自由者又は病弱者の障害の程度は、政令で定める」とあり、それが同法施行令二十二条の三の表にまとめられています。

これもまた、特別支援学校が対象とする障害の種類と程度を示しただけのものなのです。つまり、この表の「障害の程度」にあてはまる障害児童は、かならず特別支援学校に就学しなければならないという定めではないのです。

このことは、憲法二十六条が謳う「教育への権利」が国民にあることからいって当然のことであります。子どもには、教育を受ける義務などはなく、あるのは「教育への権利」なのです。ですから、親が学齢に達した障害児を地域の通常学級に就学させるのは、その権利の正当な行使といえます。したがって、貴職には、その意志表示にもとづいて学籍を措置する責任があるだけであり、就学を「許可」するとか、「認める」などという権限はないのであります。

現在、各市町村教育委員会には諮問機関として「就学指導委員会」なるものが設置されているようです。しかし、それが行う「指導・助言」は法律上、なんら国民を拘束するものではなく、それを受ける義務は親にはありません。また、いわゆる「就学指導委員会」の「判定」なるものが、親の考えを縛ることはできません。行政が国民の権利行使の仕方を「指導する」などということがあってはならないことだからです。

四　さらに、ご承知のように、自治体には、子どもの「教育への権利」を十全に保障するべく、「学校設置義務」が課されています。

この義務は、学校を建てるという物的整備だけでなく、肝心要の教職員の配置など、人的整備も含んでいるわけです。つまり、その地域の子どもたちの学ぶ権利を満足させるような人的、物的資源を整える義務が、貴職らには課されているということなのです。

「子どもの権利条約」では、そこのところをもっと踏み込んで定めています。その第十八条において、自治体は、親が「子どもを育てる責任を遂行する時に適切な援助をさしのべる」のといっしょに、子どもにたいして「施設、設備、サービスの発展という形で必要なケアを保障しなければならない」と明記されているのがそれです。

つまり、私どもが息子の隼人にたいする養育責任を十全に果たせるよう、その援助を行うのといっしょに、隼人にたいしても、学校生活を送るための必要なケアを十全に保障する義務が貴職らにはあるのです。

付　記

本要望書は、私どももその会員である障害者の教育権を実現する会全国事務局（さいたま市浦和区常盤九の一〇の一三　ライオンズマンション浦和常盤二〇四）と相談のもとに文書化されたものであり、全面的な支援をいただいているものです。なお、本文書は、必要に応じて公開されることを申し添えます。

二〇一〇年六月十日

住所（略）
桂山　洋幸　㊞
桂山かおり　㊞

住所（略）

福島市教育委員会
教育長　佐藤　俊市郎様

2　桂山隼人にたいする学級内いじめの早期解決に関する話し合いメモ

去る六月一八日、桂山隼人の保護者桂山洋幸ならびに桂山かおりと、貴職の権限を代行して出席した学校教育課主幹吉田務氏、同指導係長佐藤哲氏、他一名との間に話し合いを持ちました。

以下、双方において了解したことを左に列記します

記

一　吉田主幹は、私どもの要望書が届くや直ちに飯坂小学校に出向き、隼人にたいする「いじめ」を防止するために、とりあえず次の対策をとったと話した。まず、同校に配置されている特別支援員を隼人のいる学級にできるだけ多く行くよう指示をした。ついで、「いじめ」が再び起こらないよう、手の空いている職員が協力しあって対処していくよう指導を行なった。

二　また、同主幹は、「安心して本当に楽しく学校生活を送れることは、子どもにとって最大の権利であると思う」と話した。その精神で、隼人にたいする「いじめ」の実態を急ぎ調査し、この問題の解決に向けて真剣に取り組むよう学校側を指導していくと約束した。

なお、調査は一学期中までに終えるものとし、適宜、桂山洋幸にその途中経過報告を行うも

のとすることを同意した。
三　去る六月三日の話し合いで、飯坂小学校の長尾一夫校長は、「保護者の協力が必要である」と言い続けたことについて。
吉田主幹は、「子どもをお預かりした学校管理下内については、学校に一次的責任がある」と明言した。それに続けて、「結局、いじめがあるなしに関わらず、こういうことが起こること自体がそもそも間違っている。（中略）学校を経営する校長や教頭は、保護者の方や子ども本人に困り感が生じないようにやるのが勤めである」と話した。

さらに、「いじめとか何かに関わらず、やっぱりこういうことが起こっているという実態というのが非常にまずいことだと教育委員会としては思っている」と表明した。

そして、「気持ちよくお子さんが生活できるように教育委員会としてもお子さんを支援していきたい」と約束した。
四　既述の六月三日、長尾校長が、「就学時健診で教育委員会から特別支援学級への就学が妥当だと診断されていましたよね」という趣旨のことを言ったことについて。
吉田主幹は、「入学前、保護者の方は、特別支援学級には就学させないと明確に言っていますよね。保護者の考えが変わらないかぎりは、卒業まで通常学級就学でいきますよね」と話した。「権利としての教育」という建前をゆるがせにしない私どもの姿勢に理解を示したものとして、この発言を了解した。

五　さいごに同主幹は「この要望書にもあるように、早急にお子さんが安心して生活できるような状況を作ることが最優先であり、『いじめ』があればそれをやめさせることを最優先にしていきたい」と約束した。

以上、貴職の速やかな対応に感謝するのとあわせ、この問題の真の解決にむけ、本市の義務教育の衝を担う貴職の、応分のご努力を期待するものです。

なお、吉田主幹の発言については、まったくその通りではありませんが、趣旨は曲げてはおりません。

右、了解事項について異議があれば書面にてお知らせ願います。

二〇一〇年六月二一日

住所（略）
桂山　洋幸　㊞
桂山かおり　㊞

住所（略）
福島市教育委員会
教育長　佐藤　俊市郎様

（『増刊・人権と教育』52号、2010年11月）

中学生の彩子さん（ダウン症）はなぜ不登校になったか

地域の中学に通う知的障害の子どもが不登校に陥るケースが少なくない。その要因として、教科担任と学級担任が分かれていることや、学習の成就感や達成感が得られないなどのことがあるといわれる。しかし、たとえそうであっても、学校側のちょっとした配慮があれば、知的障害児のインクルージョンは可能だと、私は考える。沖縄県那覇市にお住まいの金城光隆さんと照美さんご夫妻の長女彩子さん（ダウン症、今春地元の中学を卒業）のケースを取りあげながら考えてみたい。

彩子さんは、２０１２年春、県立の特別支援学校高等部に進学した。中学３年の一年間、不登校に苦しんだ。授業日数１９２日のうち欠席１３９日、通学したのは53日だった。

1　部活をやめざるを得なかったのは？

中学に入学したとき、併設されている特別支援学級に籍を置いた。担任は50歳代の女性、この年赴任してきて、初めて特別支援学級を受け持ったという。

部活は、バスケットボール部に所属した。部活とは「部活動」の略称。教育課程に位置づけられたものではなく、学校単位で行われる任意の社会教育活動をいう。バスケ部の顧問はこの学校の体育担当の女性教員、副顧問は特別支援学級の担任が担当していた。

彩子さんは、スペシャルオリンピックに出場する夢を描きながら練習に励んでいた。ところが、6月の中体連の大会が終わり、3年生が引退していくと、部活に出るのを嫌がるようになったのである。

お母さんが手を引っぱって体育館まで連れて行くのだが、尻込みして練習に加わろうとしない。顧問は、「部活はボランティアでやっているのだから、あれこれ言われても困る。普通の子だって厳しい状況なのに、これ以上、彩子が部活を続けるのは無理。遊びじゃないんだから」とつれない。お母さんは、退部させたくはなかったので、校長に話したところ、「部活は教育課程ではないから、顧問には何もいえない」という言葉が返ってきた。

彩子さんはなぜ練習に参加できなくなったのか。顧問がいうように、厳しい練習に嫌気がさしてしまったのだろうか。いや、それは考えられないのだ。なぜなら、この頃、シュートやドリブルもたまにうまく行くことがあり、練習の楽しさがようやく分かりかけてきていたからである。

母子関係論にかんする最近の研究によって、乳幼児の精神発達にとっては、探索行動の基地としての母親の存在が不可欠な要素であることが解明されている。そして、そこから、「母性の不在」の乳幼児にたいして、継続的養育者（母親代理）を社会的に保障する必要性も指摘されたのである。さらに、この間のインクルージョンの教育実践をとおして、知的障害児の教育において、その子の気分をよむとか、気分をつかむということが極めて重要であるのとあわせて、その子たちを学級集団に溶け込ませていくには学級担任が母親代理としての役割を自覚的に担う必要性が明らかにされてきた。

そこから、彩子さんが部活に溶け込めたのは、上級生のだれかが母親代理の役割を果たしてきていたからだと推論できる。おそらく、彼女を部活集団に迎え入れようと、なにくれとなく声をかけ、笑顔で接してくれたのだろう。それはリーダーとして当然の配慮である。しかし、たまたま、そういう気遣いのできる上級生がいたにすぎない。したがって、本来、その配慮は、指導者である顧問や副顧問が行うべきものであった。無報酬だからといって、指導者の責任までも回避していいものではないだろう。二人のうちどちらかが、くだんの上級生がしたような配慮を行っていたなら、彩子さんは部活を続けられたにちがいない。

2 通常学級に生活を移すようになって

一年時の交流授業は、技能教科の4科目（技術・家庭、美術、音楽、体育）と総合科の授業だった。お母さんは、国語や数学、社会、理科、英語などの教科も交流授業に加えてほしいと思っていた。しかし、担任は、「理解できない授業に参加させるのは時間の無駄だ」と考えていたようである。

漢字を覚えることも、四則の計算を理解することも学びである。しかし、学びは、算数や国語などの教科に限定されるものではない。学びの対象はもっと広い。なぜなら、生活の過程そのものが私たちにとって学びだからである。同時に、一人ひとりの興味、関心の方向性は異なっているのだから、百人百様の学びがあるともいえる。たとえば、重度の重複障害をもつ菊地翔子さんのお母さんが指摘するように、クラスの友だちが掛け算を暗唱する声を聞くことも、先生の声にたいする子どもたちの反応を間近に感じることも、翔子さんにとっての学びなのであった。

彩子さんのお母さんは、学校生活においてみんなと同じように学びながら、同時に、彩子さんなりの学びができるよう、学校側に配慮してほしいと思っていた。しかし、特別支援学級の担任は、そのお母さんの思いを理解しようとしなかった。

そこで2010年2月、校長宛に要望書を提出し、「これまでどおり、特別支援学級に学籍を置きながら、生活の大半を通常学級で過ごさせる所存」である旨、意志表示を行った。これにたいし校長は、「普通学級は、普通の子のための授業をやるところなのだから、知的障害児にたいして配慮した声かけなどは一切やらない」と言い放ったという。

健常児の親にはそんなひどいことをいわないにちがいない。校長は、「盲児は盲学校へ、ろう児はろう学校へ」という旧来の常識によりかかって、そんなおかしなことをいっているのである。

しかし、憲法26条ならびにそれを法源とする教育法体系では、障害の有無やその種類や程度によって、就学するべき学校が義務付けられているわけではない。「教育を受ける権利」とは就学するべき学校を選択する権利でもあるのだ。

すなわち、学校とは、子どもたちの学習する権利を保障するための機関である。その権利を保障していくには、一人ひとりにたいする配慮が不可欠であるのはいうまでもない。「子どもの権利条約」はその第3条で「すべての活動において子どもの最善の利益が第一次的に考えられなければならない」と唱っている。障害児にとっての「最善の利益を第一次的に考える」とは、障害にたいする適切で必要な精神的、物質的な配慮を保障するということである。そこから、障害児は、学校生活において障害にたいする適切で必要な配慮を求める権利があるということができる。

たとえば、知的障害の子の場合、その障害が言語コミュニケーションにおいて特徴的に現れてくるのだから、その子の理解程度に合わせた表現を用いないことには意志疎通を図ることができない。そこから、知的障害児は、理解程度に合わせた表現を用いる配慮を求める権利があるということができる。「知的障害児に配慮した声かけなどは一切やらない」などというのは、学習する権利を一切保障しないといっているのと同じことなのである。

その年の12月末、市からの要請で市教委との話し合いがもたれた。ご両親は、少しずつ、意欲をなくしていく彩子さんの様子をみて、周りから通常学級の一員として受けとめてもらうには、学籍を通常学級に置く必要があると考え、「翌年（2011年）1月から全面的に通常学級ですごし、3年生に進級した時点で転籍する」と市に伝えた。市の側もこれを了解した。

この間、ご両親は、市にたいして学習支援員の配置を要求してきていた。しかし、市は、「ヘルパー派遣要綱」（教育長決裁）が配置基準から知的障害の子を除いていることを盾に、配置は無理であると回答していたのである。

3　3年生に進級するや不登校に苦しむ

2年生の通常学級の担任は中年の男性で社会科を担当していた。物腰もやわらかく、おおらかな性格を感じさせた。「学校での様子を知らせてほしい」というお母さんの要望に誠実に応えてくれた。また、担任に「教科ごとの様子も知りたい」と話すと、理科の教員が協力してくれるようにもなった。

運動会の学年リレーに彩子さんが出場するとき、クラスの友だちが彩子さんの気分をもりたてようと、大好きなジャニーズグループ「嵐」の曲を聴かせ、「嵐も応援しているから、彩子も頑張ろうね」と励ましたそうである。中学生ともなると、相手の気分をよむとか、気分をつかむということができるようになるのだが、これも担任の姿勢が子どもたちにもよい影響を与えているものと考えられる。この2年生の1月から3月までの3か月間が彩子さんにとって最も充実した日々だった。しかし、残念なことに、二人の先生は3月末異動となった。お別れの日、彩子さんはクラスの女子と共に「別れがつらい」と涙を流した。

「チャンプルー、味見しようかな」と彩子さん

この年（2011年）4月、彩子さんは3年生に進級した。新しく赴任してきた担任は産休明けの女性教員。校長から彩子さんの事情をいっさい聞かされていなかったという。

彩子さんは、新しいクラスの雰囲気になじめず、5月に入ると、学校に行きたがらなくなった。担任と学年主任（副担任を兼務）の二人が毎週定期的に訪ねてきたが、部屋にとじこもり、顔を会わせようともしないのだ。

いっぽう、一年ほど前から、週2、3回、市の児童デイサービス（送迎付き）を利用していた。ここは、市内の障害のある幼児から中学生までの子どもを対象とする通園施設である。不登校になってからもここへは通った。職員も理解があり、やわらかな雰囲気のなかで、「嵐」の曲をかけて踊ったり、障害のある幼児の世話をしたりして過ごしていたようだ。

この学校では、運動会と学習発表会が一年おきに実施されていた。ところが、この年、「授業時間の確保」から学習発表会が廃止された。毎年あった校内陸上大会はすでに行事から削除されていた。また、部活が定期テストの3日前から休みに入っていたのが、この年から7日前からと変更されたのである。その背景には、2007年より小中学校の高学年（小学6年生と中学3年生）を対象にした文科省の全国学力テスト（国語と算数の2教科）で毎回、沖縄が小中とも2教科の平均点が全国最下位という事情があるようだ。学校側は「学力」をあげることに必死になっているのだ。

この間、お母さんは市へ足を運び、学習支援員の配置を求めた。その要望が実現したのは、夏休みが明けた9月のことである。学習支援員は若い男性。2、3校を掛け持ちしているので、四六時中、そばにいるわけではなかった。彩子さんは学校に行きはじめた途端、またまた不登校になってしまった。

再び支援員が配置されたのは3月10日の卒業式を控えた2週間前のことである。こんどの支援員は50歳代の、やさしい心遣いのできる女性だった。彩子さんが卒業式に参加できたのもこの支援員の存在をぬきにしては考えられない。不登校の子どもの「最善の利益」を第一に考えて対応していこうとする支援員の姿勢が彩子さんの心をつかんだのだ。3月末、彩子さんは、卒業式の写真を一枚一枚見ながら、「ああ、これ、やった、やった」と、明るい表情を見せたという。彩子さんにようやく遅い春が訪れようとしている。

（山田英造、月刊『人権と教育』456号、2012年4月）

第3部

高校進学をどう考える

選抜制度はいらない

２０１０年、茨城県桜川市にお住まいの稲川智美さん（ダウン症、当時17歳）が県立真壁高校（普通科、全日制）に合格した。「将来は保育士になりたい」という夢を抱いての三年目のチャレンジだった。

近年、公立高校受験において、障害にたいする配慮も見られるようになってきてはいる。たとえば、視覚障害の受験者には点字受験が、また、肢体不自由の受験者には代筆による補助などがそれである。さらに、知的障害の受験者には、選抜制度の手直しもある程度なされてはきている。

しかし、「受験学力」を身につけるのが困難な知的障害児にとって、この競争試験というハードルを跳び越えるのは容易ではない。お母さんの雅枝さんはいう。

《「障害がない子と同じように問題を解きなさい。合否は障害がない子と同じように調査書と学力試験による適正を重視します」と言われるのであれば、地域で育ちあった障害のある子どもたちが、さらに育ちあう場はなくなってしまいます。》

1　義務教育から高校教育へ

智美さんは、小、中の9年間、地域の公立校へ通った。そして、中学卒業後、みんなと一緒に高校へ行きたいと受験に臨んだ。しかし結果は不合格。その翌年も不合格の悲哀を味わう。こうして、二年もの間、学ぶ意欲を保障されずに過ごすほかなかった。お母さんの雅枝さんは、当時の智美さんの気持ちをこんなふうに語っている。

《娘は「学校へ行きたい」といいました。（中略）やはり子どもにとっては、いわば学校が社会だといえます。ですから、二年間の浪人生活は本当に町のなかで孤立した生活でした。日中は、だれも子どもはいません。みんな学校に行っているからです。誰もいない静かな地域にひとり取り残されているわけです。高校受験に不合格になった後、智美はそういう二年間を過ごさねばならなかったのです。》

近年、少子化傾向に伴い、定員割れが起きている公立高校が少なくないらしい。その背景には出生数の急激な減少がある。1970年の一人の女性の出生率は18・8%、出生数が193・4万人だったのにたいし、それから38年後の2008年の出生率は8・7%、出生数が109・1万人。つまり、この40年ほどの間に、出生数が90万人近くも減少しているのである。いまや日本も「少産少死社会」に変わりつつあるということなのだろう。こうしたなか、高校の統廃合も進んできた。さまざまな年齢層が通う定時制高校に至っては、国民の「教育を受ける権利」の侵害にもなりかねない状況が現出しているともいう。

2010年に高校進学率が98％（中学卒業者数123万2千人）と過去最高を記録したのも、そうした背景があってのことである。そして、この数字は「高校全員入学」に限りなく近づいたことを示している。それゆえ、残る2％の子どもたちの存在に注意を払わないわけにはいかないのである。

これは想像するしかないが、おそらく、そのほとんどが、知的障害や通学が困難な病弱の子どもたちによって占められているのではないか。推測でしかものをいえないのも、こうした子どもたちが地域の高校へ通う実数が文科省によって把握されてはいないからだ。そんな状況にあって、稲川智美さんが地元高校に合格した事実はきわめて重い。

日本の教育制度は一般コースと特別支援教育コースとの2本立てになっている。つまり、中学を卒業した知的障害児には、特別支援学校の高等部が用意されているというわけである。しかし、高等部には定員があるので、希望どおり全員が入学できる訳ではない。これではこうした子どもたちは教育の対象外であるといっているのと等しい。むろん、知的障害のある子が地域の高校に就学してはならないなどという決まりがあろうはずがない。いや、あってはならない。「教育を受ける権利」とは、就学先の選択も含むものに他ならないからである。

さて、智美さんは、とにもかくにも、高校進学を現実のものにした。このことは、彼女の個別の権利が実現されたというだけでなく、それを通して、国民の「教育を受ける権利」一般の伸長が図られたと見なければならない。同時に、知的障害児の高校進学を象徴する固有名詞として智美さんの名前を仮に使わせてもらうとして、第二、第三の智美さんに道を開いたともいえよう。

茨城県では彼女以前にも高校進学をめざす知的障害児がいた。その子も高校就学を実現させている。その支援をきっかけに発足した茨城「障害児」の高校進学を実現させる会が、やがて智美さんの高校進学を支えていくことになる。そして、ご両親の八面六臂の活動により、支援の輪が大きく広がっていった。

そして、近隣三市の市会議員も加わって県教委交渉が行われ、定員に満たない高校にたいして、「定員内の受験者を可能な限り、積極的に受け入れるように」という従来よりも一歩踏み込んだ通知を県にださせている。また、「学力試験」の解答の仕方についても、従来の記述式を選択式に改めさせてもいるのである
さらに、校長交渉も重ねられた。というのは、合否判定の裁量権が現場の校長に委ねられているからだ。「定員枠が空いているのになぜ合格させないのか」と校長を厳しく問いただしていくなかで、高校側に受け入れに不安があることもわかった。そこで、「入学すれば加配を考える」という支援策を県教委から引き出してもいるのである（月刊『人権と教育』436号、438号）。

2010年は、大阪府や兵庫県などでも6名の障害者が合格している。その人たちも一度で合格したわけではない。なかには50過ぎの高齢の障害者もいる。しかし他方、埼玉県では数年

間受験し続けているのに高校の門を閉ざされ続けている知的障害者もいるのだ（北村小夜「障害児の高校進学をとりまく状況二〇一〇年春」、『季刊福祉労働』127号）。

戦後ベビーブーム世代の私が中学を卒業した1962年の高校進学率は62・3％。つまり、10人のうち6人が中学卒業後、進学した勘定になる。それが1974年には90・8％に達し、2011年には98％と、進学率は限りなく一〇〇％に近づいてきているのである。

この数字を見るかぎり、この数十年で「義務教育」の年限が実質的に高校教育もふくむ12年間へと延長されてきたといえるだろう。つまり、小、中、高という12年間の教育が切れ目のない学習過程として、一般にも理解されるようになってきたといってよい。いまや、知的障害児だけがその流れから取り残されていいはずがない。それには学びとは何かがあらためて問われねばならない。

2 学びたいは終わらない

旧来、学びは、「読み、書き、算」によってのみ象徴されてきた。しかし、その見方は学校教育のおごりを示すもの以外でなかったといえよう。やがてその常識が障害児の統合教育の進展とともにあらためて問い直されるところとなる。

1997年、その当時茨城県茎崎町（現、いわき市）にお住まいの菊地絵里子さんは、重度の重複障害（知的障害、車椅子使用）を負う長女翔子さんを地域の子どもたちと一緒に学区の小学校に通わせたいと考えた。そして、町教育長あてに要望書を提出することになるのだが、そこにはこんなことが書かれていた。

《翔子が、授業の内容を理解することはできないことも解っています。だからと言って一緒にいることが意味がないとは思いません。翔子なりの学び方があると考えます。掛け算を理解することはできなくとも、クラスの友だちが掛け算を暗唱する声を聞くことはできます。翔子にとっては、それを聞くことが学習です。先生の声に対する子どもたちの反応をまじかに感じることも、翔子にとっては学習です。子どもたちのざわめきや歌声のする場にいること、「翔子ちゃん」と語りかけてくれるいろいろな声を感じて聞き分けていくこと、たくさんの友だちから顔を見つめてもらうこと、手を握ってもらうこと、自分に対して様々な反応を示すことを体全体で感じること、それらすべてが翔子にとっては学習だと考えます。》（菊地絵里子著『翔子、地域の学校に生きる！　重度の重複障害をもつ娘と歩む』、社会評論社）

そして、「自分に対して様々な反応を示すことを体全体で感じること、それらすべてが翔子にとっては学習だ」と菊地絵里子さんは述べているのである。ここには旧来の常識にとらわれない学びについての考えが提起されている。

この当時、「実現する会」事務局員の一員として支援に携わってきた私は、私宅のファックスを通して送られてきた要望書案にこの文を認めたとき、教員をしていた私自身の虚を衝かれたように思った。学校といっても、かならずしも授業場面だけがすべてではない。それをもふくめてさまざまな友だちとのかかわりが生まれ、互いに泣いたり、笑ったり、喧嘩したり、憎しみあったりもする。そのような日々の生活そのものが子どもにとって学びの過程だと、菊地さんはいっているのである。「読み、書き、算」に代表される学びを「狭義の学び」とすると、それは、「広義の学び」といってもいいだろう。そして、これこそが学びの基礎なのである。

介助が必要な翔子さんの学校生活は、お母さんとボランティアの力でようやく成り立ってはいたものの、一年生一学期の毎日は、菊地さんが想像していたよりもはるかに充実したものであったという。たとえば、朝の健康観察では、保健係の子どもが一人一人の名前を呼んで、その日の体調を訊いて行くことになっている。「きくちしょうこさん」と呼ばれても、翔子さん本人は返事ができない。はじめのころは、先生が代わって、「はい、元気です」と返事をしてくれていた。やがて、子どもたちの誰かが「はい、元気です」と返事をしてくれるようになる。《自分の名前を呼ばれた時の翔子の反応、それを注目する子どもたち、そして翔子の代わりに返事をしてくれる子ども、その一連の出来事を見ていると、言葉がしゃべれないという障害が気にならなくなります。そしてそこに、子ども同士、声にださなくても伝え合える力を感じるのです。》(同前)

こうした屈託のない日々の生活を通して、翔子さんは友だちとの気分の通わせ方を体全体で感じとっていく。他方、周りの子どもたちは、障害をもつ翔子さんとのかかわりを通して、人間的な配慮を直観として培っていったにちがいない。

いま一つの例は京都府亀山市にお住まいの村山亜紀さん（知的障害）の場合である。03年、亜紀さんは府立福知山高校三和分校に就学した。ところが3学期を迎えることなく、1学期末の段階で「進級」という壁に突き当たる。1学期の成績が理科と体育を除いてオール1。この高校には、8単位（およそ3教科）に1が付くと、2、3学期の成績はどうあろうと、進級できないきまりがあったのである。

学校からは養護学校への転校を勧められる。「養護学校へ行く気はありません」。お母さんの起久子さんはこれをきっぱりと断った。夏休み、亜紀さんは漢字や縫い物、学校からの課題に懸命に取り組んだ。村山起久子さんは、こう書いている。

《中学の時と比べ自分から「勉強する」ということが増え、持続力も増している。これも学校や友だちのおかげだろう。いずれにしても、どうしたら亜紀の意欲が持続し力がつくのかは、進級問題と平行して、大きな課題だ。》（村山起久子「友だちといっしょに進級したい」、雑誌『人権と教育』43号）

2学期にはいると、亜紀さんは、お母さんの心配をよそに、クラスにしっかり溶け込み、さまざまな行事で大活躍して行くのである。

《少人数の学校なので、体育祭では出番が多く、大活躍したらしい。文化祭では「世界に一つだけの花」を手話で覚え、全校生徒の前で堂々と発表したと、先生方からおホメの言葉をいただいた。私と夫が見に行ったときは、作品展示場の案内係を実にイキイキとやっていた。クラスの友だちにすっかり溶け込み、先輩や先生方に恵まれて、のびのびと自分を出している亜紀。中学校のときのように萎縮することもなく、その成長ぶりは目を見張るほどだ。》（同前）

亜紀さんの高校生活は、なかなか充実してきたといえないか。知的障害の子どもが、みんなと一緒に高校に進学したい、人並みに青春時代を送りたいという気持ちがないがしろにされているのも、菊地さんが提起したように、私たちが「学び」を広くとらえないで、「読み、書き、算」という狭い見方だけにこれを閉じ込めてしまっているからである。とりわけ、誰あろう学校現場の教員たちがそのような旧来の常識から解き放たれていない。それは、選抜制度がどうのこうのという以前の問題であろう。制度を支えるのは人間の意識だからである。

子どものだれもが知りたがり屋であるように、知的障害があろうとも、どの子も学びたいという気持ちを持っているといえる。しかも、学びとは「読み、書き、算」だけをいうのではなく、学校での生活そのものが学びの過程なのである。知的障害児の「学びたい」という意欲、「もっとよく知りたい」という知的好奇心がないがしろにされていいはずがない。

3　憲法26条と高校選抜制度

「15の春は泣かせない」。60年代に盛んだった高校全入運動が掲げたスローガンがそれである。1962年3月、朝6時、私が志望した高校の合格発表が一足早くテレビ放送を通して行われた。不合格だったら家業のブリキ屋を継ぐ約束だったので、受験番号票を手に、祈るような思いで真っ黒な画面に映しだされる数字を眠い目をこすりながら追った。
その当時、富山市内には普通科の全日制高校が2つしかなかった。全日制がだめなら、家の仕事をしながら定時制に通うつもりだった。とはいえ、「受験学力」を身につけようと頑張れば、私にはそれができたといえる。しかし、知的障害の子どもにはそれができない。いくら同世代の子と一緒に地域の高校で学びたいと思っても、選抜制度によって阻まれてしまうのだ。
こんなやっかいな制度は、いったい、どこで定められているのか。それについて調べたところを述べる前に、まず、日本の法治制度の建前について簡単に整理しておきたい。日本は立憲主義を建前にしている。つまり、行政にたいする憲法の優位がそれである。このことは、憲法99条の憲法遵守義務（憲法尊重擁護義務）において明らかである。
《天皇又は摂政及び国務大臣、国会議員、裁判官その他の公務員は、この憲法を尊重し擁護する義務を負ふ。》
憲法は「国の最高法規」（98条）である。そして、これが法源となってさまざまな法律が整えられていく。これについては憲法98条の条文で明確にされている。
《この憲法は、国の最高法規であって、その条規に反する法律、命令、詔勅及び国務に関するその他の行為の全部又は一部は、その効力を有しない。》
つまり、どのような法律も、あるいは政令や規則も、憲法の精神に反したものは法令としての効力を持たないのだ。

では、法律、政令、規則とはどのようなものか。法律は、国民の権利行使の枠組みを定めたものであり、国会を通過しなければならない。国会が「国権の最高機関」といわれるゆえんである。さらに、それにもとづいて政府によって「政令」が定められる。そして、これがさらに各大臣によって「省令（施行規則）」というかたちで具体化されて行く。このようにして、憲法に謳われる基本的人権条項が制度化されて行く訳である。

ところが、である。ここが問題なのだが、実はその建前が下の、下の、下の「通知」や「通達」（行政内部の「トラの巻」といっていい）によって蚕食されていくのだ。

２００７年3月27日、大和田優大《ゆうだい》くん（知的障害、当時小学一年生、板橋区）の介助職員の継続配置要求について、ご両親が、私たち「実現する会」の支援のもとに東京都の板橋区教委と交渉をもった。そのさい、私たちは、行政の設置義務（学校教育法38条）を論拠にご両親の要求の正当性を論じた。つまり、この行政に課せられた義務は、ハコモノとしての学校を造ればいいというにとどまらず、「教育を受ける権利」の主体である子どもそれぞれについて、人的、物的教育資源を整えなければならないことを意味するのである。

話し終えると、教育長権限を代行して出席した武井統括指導主事が「その設置義務は学校教育法の何条にあるのですか」と訊いてくるではないか。しかも、この武井何某は、十日後には新学期がはじまるというところまで解決を引き延ばしておきながら、交渉にはいる前、支援者が1名のところ、2名に増えたからといって、「約束が違うから話し合えない」などと40分間も話し合いを拒み続けたのだ。学校教育法38条は行政の大本を定めたものであるにもかかわらず、その条文すら知らなくても、教委の役人が仕事をやっていけるのはなぜか。

それは、これら役人たちが、法律ともいえない下の下の、下のほうの初中教育局長通達や通知などにもとづいて日常業務をこなしているからにすぎないからである。そして、そういう日常の繰り返しのなかで、子どもの学習する権利よりも、既存の行政慣習のほうを優先させる姿勢が培われていくのだ（「教委の行政慣習か、権利の主張か」、月刊『人権と教育』445号）。話を戻す。

さて、日本の教育制度の大本は、憲法26条を法源とする学校教育法によって定められている。ここには、国民が選択するべき学校の種類とその組織が定められているのである。ところが高校については、高校教育の目的（50条）や入学資格（57条）については定められているものの、選抜制度についてはいっさい触れられてはいないのだ。

ちなみに、高校教育の目的はどう定められているか。

《高等学校は、中学校における教育の基礎の上に、心身の発達及び進路に応じて、高度な普通教育及び専門教育を施すことを目的とする。》（50条）

この条文中、「高等学校は、中学校における教育の基礎の上に」という文言があることからも、高校教育は中学校教育との連続性と発展性において把握されていることが理解できる。

また、入学資格についてはどう定められているか。

《高等学校に入学することのできる者は、中学校若しくはこれに準ずる学校を卒業した者若しくは中等教育学校の前期課程を修了した者又は文部科学大臣の定めるところにより、これと同等以上の学力があると認められた者とする。》（57条）

ここには、選抜制度の「せ」の字も出てこない。「中学校若しくはこれに準ずる学校を卒業した者」などの文言から明らかなように、中学、もしくはこれに準ずる学校を卒業すれば高校に入学できる資格があるということに他ならない。

「教育を受ける」ことが国民の権利である以上、これは至極当然のことといえる。必要以上に入学資格を複雑にすれば、選択の幅が狭められることにもなりかねないからである。そして、結果として「教育を受ける権利」が扼殺される恐れがでてくるのだ。これと同じことは私たちが障害児の地域校就学運動に役立てている同法72条についてもいえる。この条文は特別支援学校の「目標」を定めたものにすぎず、「盲児は盲学校へ、聾児は聾学校へ」というふうに就学を義務付けたものではないということである。

さて学校教育法でふれられていないことにはいくらなんでも制度化はできない。一つ、それらしい条文がある。「学習指導要領」（文科省告示）の根拠とされる次の条文がそれである。

《高等学校の学科及び教育課程に関する事項は、前2条の規定及び第62条において読み替えて準用する第30条第2項の規定に従い、文部科学大臣が定める。》（52条）

ここには、「学科及び教育課程に関する事項」については文科大臣が定めることができるとある。この文から選抜制度を想像するのはかなり無理がある。

そこで、文科大臣が定める学校教育法施行規則を調べてみたところ、何とそこに選抜制度が定められているではないか。

《高等学校の入学は、（略）調査書その他必要な書類、選抜のための学力検査（略）の成績等を資料として行う入学者の選抜に基づいて、校長が許可する。》

ところがおどろいたことに、その目的についてはどこにも触れられてはいない。この制度が下卑た序列主義イデオロギーに簡単にからめとられていったのも、制度の目的が明らかにされていないことと無関係ではないだろう。

端的にいって、高校選抜制度は小、中学校教育と高校教育という二つの教育課程の間に競争試験を導入することによって、一部の国民から高校教育を遠ざけたといえる。つまり、この選抜制度は誕生と同時に、憲法26条の建前との間に敵対的な対立関係を内包させられていたのである。60年代の高校全入運動がこの矛盾の存在を提起したものの、高校進学率が90％を超えたあたりから、それが忘れられていったといえる。そして近年、高校教育における障害児の「統合」を求める知的障害者やその家族によって、この矛盾の存在が再び提起されてきているのである。

ところで、日本の教育制度は年齢主義と教育課程履修主義の二本立てになっているといわれる。年齢主義とは、小中の9年間の「義務教育」にかんする建前をいう。満6歳で小学校に就学し、12歳で卒業。そして中学校へ進学し、満15歳で卒業する。こういうことが学校教育法で定められているのである。

これにたいし、高校や大学は教育課程履修主義を建前とする、といわれている。しかし、今回、学校教育法を調べてみたところ、大学教育については「単位の取得」という文言が見られるけれども、高校教育については、そのような文言はいっさい見当たらない。どうも、それは、学校教育法（１９４７年）制定当時、将来的には無償化や全入が予定されていたこととかかわっているらしい。たしかな資料が手元にないので、いまのところ、私には伝聞の形式でしかいえないのだが。

そう考えると、制定当時、小、中、高という12年間が切れ目のない学習過程として捉えられていただろうことは推測にかたくない。このことは、「教育を受ける」ことが権利である以上、何らとっぴな推測とはいえない。近年、憲法学者のなかからも、憲法25条の生存権規定（「すべて国民は、健康で文化的な最低限度の生活を営む権利を有する」）を根拠にして、高校教育もふくめて義務化すべきであるとの意見が出てきているのである。

《教育のレベルは、初等・中等・高等に分けられるが、憲法26条２項の趣旨が生存権の確保にあるとする立場からすると、**初等・中等教育までは当然最低限の内容といえよう**。さらに、高等学校進学率が90パーセントを超える現状を考えると、**高等学校までをその範囲に含むとすべきである。**》（渋谷秀樹『憲法』、有斐閣、07年刊。文中、太字は筆者）。

憲法26条2項とは「すべて国民は、法律の定めるところにより、その保護する子女に普通教育を受けさせる義務を負ふ。義務教育は、これを無償とする。」という規定である。この条文も私たちが就学運動で武器として活用してきている。すなわち、親の「就学させる義務」とは、国にたいしてではなく、権利主体である子どもにたいするものであり、したがって、その権利を親が代行するということである。また、「初等教育」とは、小学校教育を、「中等教育」とは中学校ならびに高校の教育を、「高等教育」とは、大学教育をいう。

4　権利としての高校就学――子どもの権利条約をたたかいの旗に

私たち「実現する会」は、障害児の地域校就学運動のなかから憲法26条ならびに学校教育法72条の解釈を通じて「親（本来的には本人）の学校選択権」の法理をつむぎだして、これをたたかいの旗として活用してきた。そしてその後、子どもを権利の主体として提起した子どもの権利条約をも、たたかいの旗に付け加えてきたのである。結論から先にいえば、私たちは、障害児の高校就学運動においても、この条約を旗として活用できるし、個別の高校就学のたたかいにこれを活かさなければならない。

それを述べる前に海外の教育先進国について簡単にみておこう。アメリカ、カナダ、イギリス、オーストラリア、ニュージーランドなど、いずれの国においても、初等教育と中等教育が切れ目のない学習過程としてとらえられているのにはおどろく。

まずは、日本の教育制度のモデルとなったアメリカから見ていきたい。この国は48州からなる州の連邦なので、学制も6・3・3制、4・4・4制、8・4制と州により異なる。通常、17歳から18歳で中等教育が修了する。卒業試験などはない。規定の単位を満たすと卒業できる（単位制）のである。

カナダは、州に大幅な自治権を認めている。学制もアメリカと似通っており、州によって7・5制、6・3・3制、6・5制と異なっている。やはり単位制をとり、卒業に必要な要件も州によって異なる。

イギリスは、「義務教育」の期間が5歳から16歳までと日本より一年長い。公立校と私立校とでは、その呼び名や履修期間がわずかながら違っている。初等教育が終わるのは公立校ではYear 6（11歳）なのにたいし、私立校ではYear 7, 8（12、13歳）というケースもある。Senior SchoolやSecondary Schoolと呼ばれる中等教育には「卒業」という概念じたいがない。そこが日本と大いに違うところである。そして、卒業資格がないかわりにYear 11（16歳）を修了した時点で全国統一試験を受け、職業専門学校と進学準備校に分かれて行く。

オーストラリアは、初等・中等教育は州により多少異なるが、対象年齢は5歳〜17歳（日本では高校2年生）。初等教育はYear 1（6歳）〜Year 6（12歳。州によってはYear 7）まで、中等教育はYear 7（13歳。州によってはYear 8）〜Year 12（17歳）までが対象となっている。中等教育はさらに前期と後期に分かれ、前期Year 10（日本の高校1年生）までが「義務教育」

となる。やはり日本より一年長いのである。修了すると義務教育修了証が発行される。「卒業証書授与式」といういかめしい名前の会場で、「日の丸」に礼をさせられ、「君が代」を歌わされてから、卒業証書を押し戴く日本と何とちがうことよ。

ニュージーランドは、5歳の誕生日を迎えると順次入学し、6年間または8年間の初等教育を受ける。中等教育に当たるSecondary Schoolは、Year 9（14歳）～Year 13（18歳）の5年間。日本の高校1年生に当たるYear 11（16歳）の時に全国統一試験レベル1を受験し、単位を修得したら「義務教育」が修了する。その後、そのままYear 12（17歳）を継続して大学準備過程のYear 13（18歳）に進むか、専門学校へ進むか、それとも就職するか、そのどちらかを選択するのである。

これら5か国は、日本のように初等教育と中等教育を機械的に切り離してはいない。二つの教育課程が全体として切れ目のない学習過程として理解されているということであろう。それは、子どもが教育にたいする権利の主体であるという理解が社会的にも了解されているからにちがいない。

さて、1989年、国連総会は子どもを「保護の対象」から「権利の主体」へと転換を図る子どもの権利条約を採択した。1994年に日本は批准している。条文は、前文および54か条からなり、子ども（18歳未満）の権利を包括的に定めている。そして、子どもにたいするあらゆる差別の排除（2条「差別の禁止」条項）を謳ってもいる。こうした国際規範がポコッと何の前提もなく生み出された訳ではないことが、先の教育先進国の教育制度からも了解されるだろう。

従来、教育にたいする権利は「教育を受ける権利」という言葉で表現されてきた。これにたいし、この条約では「教育への権利」（28条）という表現が使用されている。これまで子どもが教育の受け手として、被教育者としてのみ理解されてきたことにたいする反省がそこに認められる。そもそも権利とは選択的なのだから、就学先の選択にとどまらず、教育内容についても選択できるということは論理の必然である。教育にたいする権利とは、お仕着せの教育を単に受け取るということではない。知的好奇心の欲するところにしたがって、「こういうことを学びたい」、「こういうことが勉強したい」と、教育に関与していくことも含めて認められなければならない。選択するとはそういうことなのである。「教育への権利」といわれるゆえんだ。

では、「障害児の権利」についてはどう定められているか。そこには、「障害児の特別のニーズを認め」、かつ、「その援助は、**障害児の可能な限り最大限の社会的統合と、文化的、精神的発達を含む個人の発達を助けるような方法**で、教育、訓練、（略）に効果的にアクセス（関与）し、そしてそれらを利用するのを保障することを目的とするものとする」（26条）と定められている（太字は筆者）。

私たちが障害児の地域校就学運動を進めていくうえで運動の旗として活用しているのがこの条文である。つまり、障害児への教育援助は、「最大限の社会的統合」と「文化的、精神的発達を含む個人の発達」という二つのファクターを兼ね備えたものでなくてはならないということだ。しかも、この援助は18歳未満の障害児の権利として保障されねばならない。「18歳未満」には、高校生も含まれるのはいうまでもない。つまり、この条文は、高校進学をめざす知的障害児たちにとっても運動の武器になるということなのだ。

さらに、同28条の「教育への権利」に関するところでは、こう謳われている。

《**普通教育**と職業教育を含むさまざまに異なったかたちの中等教育の発展を奨励すること。それらを**すべての子どもにとって利用可能で、しかもアクセス（関与）できるようにすること**。そして、無償教育を導入し、必要な場合には財政的援助を行うなどの適当な措置をとること。》（28条b項。太字は筆者。外務省訳では、general education が「一般教育」と訳されているが、憲法ならびに学校教育法においては「普通教育」という文言が用いられているので、私はそれを採用する。）

中等教育を「すべての子どもにとって利用可能で、しかもアクセス（関与）できるようにする」とは、中学・高校教育をすべての子どもにとって権利として認めるという意味として了解される。

一般に、条約というと、法律よりも拘束力がゆるやかなのだろうと誤解している人も少なくないらしい。そもそも、条約は、国際法上、国家間で結ばれる成文法をいう。日本国憲法は、この扱いについて、「日本国が締結した条約及び確立された国際法規は、これを誠実に遵守することを必要とする」（98条2項）と定めている。どういうことか。

この子どもの権利条約は、1994年3月、国会で承認され、同年4月、批准書の寄託を経て、同年5月、公布される、という手続きをとっている。憲法学では「条約は、憲法より劣位するが法律より優先する」というのが定説である（渋谷秀樹、前掲書）。つまり、同条約の26条（障害児の権利）ならびに28条（教育への権利）は憲法26条の規定を補完するとともに、学校教育法ならびに他の政令、規則等の定めに優位するということなのだ。したがって、国内法が整備されていないなどと嘆く必要はさらさらない。条約が立派な運動の武器となるのである。

既に述べたように、憲法26条及び学校教育法には、国民の高校就学を制限するいかなる文言も存在しない。権利の性格からいって、それは当然のことなのだ。

《すべて国民は、法律の定めるところにより、その能力に応じて、ひとしく教育を受ける権利を有する。》（26条）

この「その能力に応じて」という文言はけっして、国民の権利を制限するものとして理解されてはならない。それは婚姻の権利や選挙の権利が能力に応じて制限されることがないのと同じである。

この「教育を受ける権利」という表現も、近年、子どもが権利主体であることを明示するために、「学習権」と呼ぶのが憲法学の大勢であり、判例もこの表現を採用してきている。そして、「学習権」が「自分の可能性を開花させ、人格を全面的に発達させる権利」というふうにも理解されていることから、26条の「能力に応じて」という文言については、「教育への権利」という新しい権利概念をふまえ、ならびに、権利主体の能動性を含意させて「個人の欲求に即して」と言い換えることもできるだろう（渋谷秀樹著『憲法』を参照）。

そこで、私たちは、現行の選抜制度が、障害児をふくむ全ての子どもに地元高校の学籍を獲得する権利を保障していくうえで桎梏となっていることにかんがみ、そして、憲法26条ならびに学校教育法が初等教育と中等教育を切れ目のない学習過程として捉えているという解釈の余地を残していることから、かつ、子どもの権利条約の26条ならびに28条を直接的な根拠にして、次のように主張することができる。

《18歳未満のすべての障害ある子どもは、その障害の種類や程度にかかわりなく地元高校に就学する権利を有する。》

そして、選抜制度の廃止を求めるとともに、当面のこととして入学希望者数に見合う合格枠を設けるのとあわせ、定員内不合格者をださないこと、及び障害を配慮した入学試験の工夫を、障害児の権利として要求する。それとともに、入学後の学習を保障していくうえで、障害児一人一人の個別の条件に即して必要な配慮と教材保障を要求するものである。

（山田英造『増刊・人権と教育』53号、2011年6月）

障害があるからこそ地域の高校へ

娘の智美（ともみ、ダウン症）は小、中と地域の学校へ通いました。小学校のときは、先生から「養護学校の見学をしましたか」などと理解のない言葉を聞いたこともありました。でも、それにもめげることなく、「障害があっても地域の学校で学ぶ権利がある」と、学校側と話し合って、その都度解決してきました。

1　子どもの声があふれる地域の学校へ

就学前、養護学校の見学はしていました。そのとき感じたのは、「ここは本当に学校なのかな」と思うほど静かなことでした。子どもたちの声が聴こえないのです。小学校といえば、私のイメージでは、休み時間には外へ出て、「わあっ」という声や音のなかでドッジボールをしたり、馬乗りしたりしたものです。

養護学校では「手厚い指導が受けられる」といいます。そのとき、一人の先生に3～4人の子が指導を受けていました。でも、私は、そのことよりも、やはり多くの子どもたちのなかで育ってほしいと思いました。そこで、養護学校ではなく、地域の小学校を選択したのです。

小学校に就学するまえは、ほとんどの子どもは幼稚園や保育所に通います。それで、娘が3

歳のとき、町の保育所へ通わせようと思いました。子育てに手がかかったので、私は仕事をしていませんでした。ところが、役所から、「就労証明書がなければ預からない」といわれ、それで働く場所を見つけて、ようやく保育所に入所させることができたのです。

娘は、保育所のなかで同じ年の子どもたちとふれあうことになるわけですが、毎日のように、お友だちからいろいろなものをもらってきました。白い紙を折ったものがカバンに入っていて、開けてみると、中にきれいなビーズが入っていたり、折り紙で鶴が折ってあったりしたのです。娘本人は、そんなにきれいに折れないし、ビーズなども子どもたちが作ったもののなかに入っていました。そういうプレゼントを見たときに、子どもってやさしいなと思いました。障害があるからどうのこうの、という偏見のようなものはないのです。

娘が保育所でまわりの子どもたちと仲良く遊んでいるのを見るとき、「あっ、これがノーマライゼーションというものだ、こんな社会があったらいいな」と思いました。子どもたちには、お互い、わだかまりがなく、自然に仲良く遊ぶことができるのだなと強く感じました。それで、ますます地域の子どもたちのなかでいっしょに育てたいと思うようになったのです。

保育所のお友だちが、帰り際、「またあそぼうね」と書かれた手紙を娘にくれたりするわけです。そういうなかで本人もいろいろ刺激を受けました。そういう関係のなかでお互いの心が育っていくように思います。「あっ、これは本当にすばらしいことだな」と思いました。ですから、地域の小学校へ就学させようかどうか、などと迷うこともありませんでした。

2　帰宅するや公園で一緒に遊ぶことも

一年生の時は、とても理解のある先生に恵まれました。入学式の日、「障害があっていろいろお手数をおかけしますが」とあいさつしたら、「どの子もみんな同じですよ」という言葉が返ってきました。

幼い子どもたちには、先生の気持ちがよく伝わるように思います。まわりの子どもたちが娘と仲良くしてくれたので、本人も喜んで学校に行きました。私も地域の学校でみんなと一緒に育てることにしてよかったと思いました。しかし、いいことばかりではなく、いじめられるようなことなどもありました。そのたびに、「智美は、何も悪くないよ」と励ましてやったものです。

朝は、登校班で通学し、学校が終わると、同じ方角の子どもたちといっしょに下校班で帰ってきます。なかには、家に立ち寄ってくれる子もいました。娘は、家にカバンをおろすや、「いっしょにあそぼう」といって、近くの公園へ出かけ、遊んだりしていました。遊びに興じている姿をみていると、子どもには障害のある子にたいする偏見はないことが分かり、また、学校はそういう心を大事に育てていってほしいなとも思いました。

学習面については、親子で話し合って、国語の教科書であれば、その文章のなぞり書きをやらせることもしました。私が下書きをして、娘がそれをなぞるわけです。宿題なども、たとえば算数だと、私が足し算や引き算の式や答えをひととおり書いたものを、娘がなぞるという形にして提出しました。先生もそれを了解してくれました。そういう形で授業にも参加していました。すると、本人も、自分なりに勉強しているという気持ちが育ってきます。そんなふうにして、娘は自分なりのしかたで授業に参加していました。そのつど、「がんばったね」と、本人をほめながらやってきました。

学校以外では、「公文」学習塾に通いました。本人の進度に合わせた学習をということで、国語と算数のプリントを続けました。また、音楽が好きなので、隣町の音楽教室に通わせました。現在も週1回続けています。理解のある先生でピアノを自由に弾かせてくれます。それに、いろんな楽器にも触れさせてくれるので、娘はいつも「楽しい」といって帰ってきます。やはり障害のある子は教えたことを真面目にやっていくということがあるのでしょうか、風邪や発熱で寝込む以外は休むことなく、いまも通い続けています。

3　子育てに悩みながらも一歩ずつ

いまは高校生になり、部活は卓球部に入部しました。帰宅時間も遅くなりました。それで時間的に余裕がなくなり、公文の学習塾のほうはやめました。でも、ピアノのほうは続けています。楽曲が上手に弾けるわけではないのですが、音楽とかかわることで楽しく過ごしています。

一般に親は、自分の子に障害があったとき、どういうふうに育てたらいいのか悩むようです。

自分の番号を指す稲川智美さん、高校合格ににっこり

私もそうでした。健常児と同じ子育てでよいのだろうかと不安でした。そこで、「障害児のための」という講演があると知ると、かならず出向いて、情報を集めながら手探りの子育てでした。そして、障害のある子のためによいといわれることは何でもやって、少しでも上手に育てていきたいという気持ちでした。

障害や障害のある子をテーマにした講演会や集会を探して、そういう所へ行って話を聞きました。障害児の「早期教育」というものはどういうものか、特別な教育があるのだろうかと思い、期待もしました。でも、結局は子どもに手助けをしながら、ひとつひとつできることを増やしていくというような教育法だったのです。

ですから、「早期教育」も、そういう障害児教育も普通教育も同じではないか、特別なことをして障害がよくなるとか、障害児のためだけのものをそこから見つけることはできませんでした。これは、地域の子どもたちのなかで、いっしょに育つなかでごく普通に育てていくことと同じではないかと思ったわけです。

そうして、中学校へと進学しました。先生によっては子どものほうも元気になったり、不安になったりします。そんななかで「これは困るなあ」という先生が担任になったこともありました。そんな先生がいるかと思えば、娘がいると、「クラスは一つにまとまるのよ」と親を安心させてくれる先生もいました。

娘のことを理解してもらえないで、辛い思いをするたび、「娘がクラスにいることで先生も娘のよいところを見つけてくれるんじゃないかな。そして無理にお願いするようなことになっても、そういう親の気持ちもわかってもらえるようになればいいな」と思ってきました。いろんなことがあっても、ひとつひとつ、お互いに知り合い、障害をもつ娘への理解を深め合うことにつながっていくはずだと思うようにしたのです。

4　高校入試という壁を乗り越えるために

義務教育は、順調に上がってこられるのですが、高校は入試という壁があります。娘は、学校が好きで、「いろいろあるけれど、やっぱり楽しい」といいます。学校が好きな子には好きな学校に行かせてやりたいと思いました。本人は何も悪いことをするわけではないし、悪さをされることがあってもする子ではありません。ですから、「学校に行きたい」「高校で勉強したい」「みんなと仲良くしたい」という気持ちを高校のほうに伝えて行きたいと思いました。そして、茨城県教育委員会と話し合いをはじめました。

娘が高校を受験する前、障害のある子が受験をこころみていました。その子は知的障害のある男子でした。県との話し合いをするというので、娘はまだ小学二年生でしたが、私もぜひ行かねばと思いました。１９９９年12月のことです。

正直にいいますと、そのときは「なんで高校なのかな」と思っていたのです。小学校は当たり前にお友だちと仲良く育つものと考えていました。ですが、高校はむずかしい授業もあり、本当に理解できるのか、分からないままほったらかされていていいのだろうかなどなどいろいろ心配もし、ちょっと半信半疑でした。でも、高校へ行きたい子がいるということが分かって、県との話し合いに参加しました。

そうして「茨城『障害児』の高校進学を実現させる会」が誕生したのです。そこに集まった人たちによって、どういう会にしようかという話になって、その会ができました。そのときはみんな初対面でした。人づてに、たまたまその情報を聞いた人たちが集まって、その会ができたのです。ですから、こういう情報を伝えることがとても大事です。その情報があったことで、智美にとっても、いまの高校進学につながってきていることを強く感じます。

県との話し合いでは、障害があることを不利益にしないこと、また、障害者差別をしてはいけないこと、さらに、娘が高校に就学するのには何が足りないのか、と何度も問いただしました。2年浪人し、5度目(一次、二次を二回受験)の受験でした。

浪人してから娘に話したことは、「けっして智美が悪いわけではないよ。県や高校にわかってもらうまでがんばるしかないんだよ。すこしでも先生方にわかってもらうためだよ」と話していました。そして、「高校に行きたいのなら、行けるまでがんばるしかないよ」とも励ましたのです。すると、娘は、「学校へ行きたい」といいます。

学校が好きなのです。子どもたちのなかにいることが好きなのです。やはり子どもにとっては、いわば学校が社会だといえます。ですから、2年間の浪人生活は、本当に町のなかで孤立した生活でした。日中は、だれも子どもはいません。みんな学校に行っているからです。誰もいない、静かな地域にひとり取り残されているわけです。高校受験に不合格になった後、智美はそういう二年間を過ごさねばならなかったのです。本人は「高校へ行きたい。みんなと仲良くしたい」と口にするようになりました。

県との話し合いを続けるなかで、教委の担当者のなかに少しずつ理解も生まれてきたようです。5度目の受験ですから、これで落とされたら、これはもう人権問題ではないでしょうか。やはり知的障害があって点数が取れない。でも、人間的にはなにも悪いことをするわけでもないし、いじめられることはあっても、他人をいじめる子ではないのです。それでいて授業はまじめに聞いて、自分のやれるかたちで教科書をノートに書き写すというかたちで積極的に勉強に向かいます。そういうなかで同年代の子どもたちといっしょに育つことの大切さを私なりに感じていました。

子どもたちは、どんどん成長していきます。家に閉じ込めておいては、やはり取り残されてしまうというか、親子べったりの生活のなかに逆もどりしてしまうと思いました。地域の子どもたちといっしょに育つなかで、同じ文化を共有しながら、学校（高校）生活を送ってほしいと思いました。

娘が別の道を探して何かやりたいのなら、それはそれでよいし、高校へ行きたいのなら何年かかってもいいと思いました。「学校の先生や県の担当者が分かってくれるまでがんばるしかないんだよ。智美は何も悪くなんだよ」と話すと、娘は、「がんばる」といってくれました。そして、高校に合格したとき、「うれしくてないちゃう」と言ってぽろぽろと涙をこぼしました。

5　どうにかこうにか高校2年に進級へ

小・中学校とちがって、高校はなかなか親が参観にいけないので、その日の子どもの様子を見て、「元気にやっているな。大丈夫そうだな」と思うわけです。入学後の1学期には、友だちとの間にささいなトラブルもあったようです。でも、遠足でディズニーランドへ行き、楽しいひと時を過ごすなかで何人かの男子生徒とも仲良くなり、娘も喜んでいました。

秋の学園祭では、カレーショップをクラス全員で運営し、訪れた多くの見学者にカレーの風味を楽しんでもらったようです。こういうクラスの共同の作業のなかで、「クラスがすごくまとまった」と、担任の先生も話していました。

ちょっとしたいじめもあったようです。それでも本人は、「いろいろあっても、高校たのしい」といっています。いまでは娘を理解し、話しかけてくれる生徒がすこしずつ増えてきているようです。

高校は、入学試験という壁があり、また、入学後は進級と卒業の問題など、いくつもの壁が待ち受けています。とりわけ、障害をもつ生徒にとっては、困難がともなうわけですが、これらをひとつひとつ乗り越えていきたいと思います。

さいわい、むずかしかった二年生への進級もできました。各科目の先生方からのたくさんの課題（宿題）を、本人にすれば苦しみながらも取り組んで提出しました。各学期のテストと出席率などを加味してもらい、進級をクリアすることができました。

担任の先生はもとより、校長や教頭、そして諸先生がたの障害を不利益にしない、温かい取り組み（配慮）によるものと感謝しています。

どうにかこうにか二年生の進級も実現し、4月の始業式を迎えることができました。まだ三年生への進級、そして卒業というふうにいくつもの試練があります。親子ともどもこれらを乗り越えていきたいと考えています。

まだまだ障害児の高校進学は厳しいものがあります。でも、学びたいという全ての子どもたちが地域の高校でも学べる社会を一日も早く実現して行かねばならないと思います。

（稲川雅枝『増刊・人権と教育』53号、2011年6月）

友だちといっしょに進級したい

娘の亜紀は、小、中学校と普通学級に籍を置き、「みんなといっしょに」学んできた。2003年、高校進学を考える時も、できるなら養護学校のような特別の場でなく、いろんな生徒がいる学校をと願い、結局2つの高校を受験した。一つは私立の芸術系専門学校。もう一つは府立の昼間定時制高校、家政科だ。府立は、一般の公立入試5教科を受験しなければならない。選択問題などトレーニングはしたものの、亜紀は問題の意味さえなかなか理解できず、結果は良くて1~2割取れているかどうかだったと思う。それでも、毎年定員割れのため、最近は不合格者がいないそうで、亜紀も合格した。私立からも合格通知を受け取ったが、授業料の安さと通学しやすいという点から、府立を選んだ。

高校（府立福知山高校三和分校）までは、JRとバス、徒歩を合わせ片道2時間。JRのみ2週間ほど付き添ったが、その後は往復1人で通学できるようになった。高校には誰ひとり知り合いもなく、自宅から遠いので当初は亜紀も私たち家族も不安いっぱいだった。けれども遠路1人で通学できるようになったことは、亜紀に大きな自信を与えたようだ。学校ではハイテンションの亜紀が浮くことも多かったようだが、次第にまわりも〝慣れ〟、よい関係が築けるようになった。やがて亜紀は、毎日のように「学校楽しい」と言い、家で友だちや先生の話をするようになった。中学の時にはほとんどなかったことだ。高校の居心地のよさが亜紀の話から伝わってくる。

三和分校は4年生まで全校合わせても百人足らず。障がいのある子や中学の時不登校だった子など、競争とは縁遠い子が多く、全体の雰囲気も優しい。

1　進級の壁

「いい学校にはいれたねー」と、喜んでいたのだが、間もなく壁にぶち当たった。「進級」の問題である。1学期の成績は理科と体育を除いてオール1。8単位（およそ3教科）に1が付くと進級できないので、即アウトだ。夏休みに入って、教頭、担任、わたしと3人で話し合いをした。

「このままでは進級できませんよ。」

「でも昨年、体験入学に来た時、〝進級が心配です〟とお尋ねしたら、〝毎日休まず学校に来てもらえればこちらで見ますから大丈夫ですよ〟と教頭先生がおっしゃったではありませんか。」

「いや、障がいのある子は何人も来ていますが（亜紀が）これほど（勉強できない）とは思わなかったので……」

「亜紀ができないことは入学試験でわかっておられたのではないでしょうか。受け入れていただいたということは進級も前提だと思いましたが……」

「可能性がある限り受け入れているので、……亜紀さんは養護学校へ行かれた方がいいのではないでしょうか。この学校はそれぞれ問題をかかえた子も多く、亜紀さんだけにずっとかかわっているわけにはいかないのです。養護学校なら手厚く見てもらえますし……。」

「養護学校へ行く気はありません。手厚いことがいいとは限りませんし。亜紀につきっきりになってほしいとか、加配の先生を付けてほしいとか言っているわけではありません。この学校に入って、友だちや先生のおかげで亜紀がいろいろな面で成長したことに感謝しています。ただ、知的遅れがあるという点に関して、他の子と同じ土俵で点数を求められてもムリです。レポートを出すことで点として認めるとか、進級できるよう配慮をお願いします。あと、例えばテストの時、亜紀は解答の仕方自体もわからないので、説明していただくとか、もう少し手助けしていただきたいことはあります。でも基本的に、現状のままで満足しているのです。」

「こちらとしてもできることはしたいと思っています。亜紀さんは毎朝元気にあいさつしてくれて可愛いしね。この学校にいてもらって困るとは思っていません。ただ、進級を認めるには、それぞれの教科に基準がありますし、勝手に基準を変えたら、こちらの首が飛びますよ。」

「基準と言われても。今まで卒業された方が、すべて完全に基準をクリアされたのでしょうか。少しくらい甘くされたこともあるはずです。その度合いをグンと引き下げて、大甘にしていただくこともできるでしょう。数字とか基準とか言っても、結局、評価するのは人間である先生です。配慮ができないはずはありません。お願いします。」

以上のような話し合いをしたのだが、その時は漠然とした不安はあるものの、何とかなるだろうと楽観的に考えていた。

2　亜紀の勉強

夏休みには漢字や縫いもの、学校からの課題に必死になって取り組んだ。亜紀はこれらのことにじっくり取り組むことが苦手で、「がんばる」と張りきっていても、いざ机に向かうと「何でこんなことせなあかんの～・アホー、シネ！」と叫んだり、モノを投げたり。本人はもちろんのこと、こちらもストレスがたまる。学校への手前、頑張らせなければ、というプレッシャーもあり、亜紀も私も葛藤の連続だ。ただ、本人は「しなければいけない」とは思っているようで、中学の時と比べ自分から「勉強する」ということが増え、持続力も増している。これも学校や友だちのおかげだろう。いずれにしても、どうしたら亜紀の意欲が持続し力がつくのかは、進級問題と並行して、大きな課題だ。

さて、夏休みが終わると、体育祭と文化祭がある。小学校の頃から亜紀はこうした行事が大好きだ。少人数の学校なので、体育祭では出番が多く、大活躍したらしい。文化祭では「世界に一つだけの花」を手話で覚え、全校生徒の前で堂々と発表したと、先生方からおホメの言葉をいただいた。私と夫が見に行ったときは、作品展示場の案内係を実にイキイキとやっていた。クラスの友だちにすっかり溶け込み、先輩や先生方に恵まれて、のびのびと自分を出している亜紀。中学校のときのように萎縮することもなく、その成長ぶりは目を見張るほどだ。しかし、そうした「成長」は、成績には加味されない。

年末、学校（教頭と担任）と話し合った際、「進級はムリだろう」と言われ、再度養護学校を勧められた。養護学校への転籍については否定し、何とか進級をと求めたが、2学期も「1」の並ぶ通知表をまえに「留年」が現実のものとしてせまってきた。

3　校長との話し合い

年末の学校との話し合いの後、亜紀と同級生の男の子の保護者Iさんと出会った。彼女もまた、知的遅れのある息子さんの進級をめぐって学校から養護学校へ行くよう勧められていた。息子さんは小、中と障がい児学級に在籍しており、養護学校も選択肢の一つにされているが、仲のよい友だちといっしょに進級させてやりたいという願いは私と同じだった。以後、連絡を取り合い、分校の教頭だけでなく、進級の判断をする校長と話し合いをしたいと、学校に求めた。そして、2月半ば、校長、教頭、Iさんと私とで話し合いをすることになった。

話し合いに向けて、学力が足りなくても進級できたという全国の例を集め、実際進級した人の保護者の話を聞くなど、情報をまとめた。そして、「村山亜紀の進級に関する要望書」を書いて、校長宛の他、各教科担任用に複数コピーして学校へ持っていった。校長は本校勤務が基本であるため、話をするのは初めてだった。温厚そうな方で、私とIさんの話にじっと耳を傾けてくださった。

要望書に書いたのは主に3点。

①進級の基準に達していないとのことだが、本人は1日も休まず登校しており、授業もテス

トも真面目にうけている、意欲を評価し、進級できるよう配慮してほしい。

②理科の場合、事前に練習問題が渡されるので得点を取ることができた。同様のことができないまでも、追試やレポートを提出することで単位を認めることは可能。他の都府県でもそうしたフォローがされている。進級できないデメリットは大きいので、救済措置を講じてほしい。

③単位を取得し、卒業を望むのは当然だが、もしそれが認められないなら、東京都などで行われている生活進級という形で進級させてほしい。とにかく同世代の友だちと共に学び、行事をはじめさまざまな体験をさせてやりたいと願っている。

付記として、よい関係を築いている友だちと、何としてもいっしょに進級させてやりたいという思いや、知的障がいのある子が高校にはいることを想定し、配慮を求めた「学校教育法施行規則の条項解釈」について添付した。

要望書の中の生活進級については、要望として書くべきか否か迷った末、どんな課程でも、とにかく友だちといっしょに2年生になり、いっしょに修学旅行に行かせてやりたいという思いで書いたのだった。後で、運動にかかわる人などから、「本来、こちらから要望すべきことでない」と指摘された。少なくとも文面として書くべきでなかったかと、この点は反省している。

要望書を手渡した際、インクルージョンは世界の流れで、日本でもその流れは強まっていること、大阪、千葉、東京、兵庫、熊本など全国各地で知的障がいのある子が高校に入学し、進級、卒業している。他県でされていることが何故京都でできないのか、まして三和分校は定時制で、学力不足の子の受け皿にもなっている学校ではないか等、訴えた。

校長、教頭ともに要望書をじっくり読み、

「お母さんのお気持ちはわかります。亜紀さんがこの学校で成長していることはこちらもうれしく思っています。ただ、他の生徒さんとの兼ね合いもありますし、亜紀さんやIくんだけを特別扱いすることはできないのです。お母さんが言ってこられたから進級させるというわけにはいきません。」

「特別扱いというのではありません。ハンディがあるのに、それを考慮しない方が不平等ではありませんか」

「とにかく京都府では例がないので……ところで、お母さんは、亜紀さんの将来をどう考えておられるのですか」

「正直言って、将来の展望はありません。先生は養護学校へ行けば進路を保障されるように言われますが、現実に、養護学校を出ても行き場がなく、在宅のままという子はたくさんいます。収入にならなくても、どこかに亜紀の活躍できる場があればと願っていますが……私たちにとっては、先のことよりまずいまが大切なのです。将来、行き場がないとすればなおのこと、同世代の友だちと過ごすことのできる〝いま〟は貴重です。中学のときはイジメにあったり、苦しい時期を過ごしました。いま、亜紀は、友だちの輪の中に入って楽しく通学し、〝青春〟

しているのです。この友だち関係を断たないで、いっしょに進級させてやりたいのです。」

校長は深くうなずいた後、目頭を押さえ、

「進級に関しては厳しいとしか言えませんが対応については、私たちも今後、考えていかなければと思っています。」と話した。また、要望書については、いままで教頭に渡したインクルージョンに関する参考資料など、すべて全職員に回覧しており、今回も回覧するので一部でよいとのことだった。これまでの資料を学校全体で共有しようとする姿勢は、ありがたいと思った。また、この話し合いの端々で校長と気持ちが通じた気がして、結果的に進級できなくても、やるだけのことはした、と思えた。

この話し合いの後で、Ｉさんから、亜紀と同じクラスに昨年学力不足で留年した子がいると教えられた。同じクラスに、出席でなく学力で留年した子がいるなら、亜紀が進級するのはとてもムリだろう、とこのとき留年を覚悟した。

４　留年

結局、３月下旬、亜紀とＩくんの留年が決定した（Ｉくんは養護学校へ転校した）。亜紀には事前に心の準備をするよう伝えていたが、実際にダメだと聞いたときは、「もう三和分校行きたくない」と泣いた。それでも「２年生の友だちとは学校で毎日会えるし、新しい友だちもできるよ。学校にも慣れているし心配ないよ」と、励まし続けるうち、亜紀は次第に気持ちを立て直し、新学期を迎えた。いろいろと葛藤はあったものの、当初の心配をよそに、1学期を終える頃には、2年生の友だちにプラスして1年生の友だちもでき、毎日楽しく登校している。

そして学期末、問題の1学期の成績は、1年と同様、理科と体育を除いてオール1。テスト勉強も去年より頑張り、1桁の点は取ったが2にはならない。事前に練習問題をもらったものの、答え自体、少ししか覚えられないので、得点だけで評価2をクリアーするのは至難だ。

学校へは、「亜紀は他の子より持続力が弱く、勉強するだけでも大変。それを頑張っているのだから、何とか努力を認めてほしい。一時は、また留年するなら以前受かった奈良の私立高校へ転校することも考えたが、この学校で友だちもでき、本人も他へ行く気はない。何年かかってもこの学校を卒業したいと思っているのでよろしくおねがいしたい」と、亜紀の進級問題は、学校の責任、という言い方で訴えた。

高校は義務教育ではなく、単位を取得できなければ進級できなくて当然、というのが学校の基本的立場で、世の中の多くの人も同様に考えている。知的障がいのある子に高校での教育は必要か、という意見もあるだろう。また、障がいの有無にかかわらず、今の日本の高校は学力で輪切りにされており、知的障がいのある子がそこに入るとすれば、輪切りの矛盾という高校のあり方の根幹を見直さざるを得なくなる。

簡単には解決できない問題が絡むが、高校進学率が98％を越え、インクルージョンが世界的な流れになっているいま、知的障がいのある子が何の支援もなく切り捨てられることを、当然とは言えない状況になってきている。

亜紀の高校もいま、知的障がいのある子の進級についてどうすべきか、京都府に前例がないということで悩んでいるようだ。しかし、前例はつくらなければいつまでたっても進歩しない。今後、進級が認められるのか、何年一年生を続けるのか、その後の見通しも含め予想がつかず、とても不安定な状態だ。けれど、いま、亜紀が楽しく登校していることをまず大切にし、亜紀が京都府の「前例」となるよう、粘り強く交渉を続けていきたいと思っている。

（村山起久子『増刊・人権と教育』43号、２００５年11月）

障害ある生徒もともに学ぶ（大阪府の場合）

大阪の公立高校には、多くの障害のある生徒が学んでいる。その背景には、駅のエレベーターや低床バスといった公共交通機関や街のバリアーフリー化が進み、障害のある生徒が高校に通学しやすくなっていること、また、エレベーターが設置されている高校が増えたことで、障害のある生徒が高校で学びやすい環境が整ってきたことがある。また、介助ボランティアや学習支援サポーター、非常勤講師等の配置で、障害のある生徒への支援体制がある程度整っていることも関係しているものと考えられる。

しかし、点数の取れない知的障害生徒にとっては、まだまだ全日制の高校への入学は厳しい状況が続いている。大阪では、全く門が閉ざされているわけではない。定員割れした高校に入ること、「自立支援コース」で学ぶこと、さらには「共生推進教室」に入ることなどで、公立高校の門をくぐる道もいくらか開かれている。

1　定員割れ不合格は出さない

2011年度、大阪府内の公立高校では、定員割れが相次ぎ、現行の入試日程になった2003年度以降最も多い71校〈全日制47校、定時制18校、多部制単位制〈通信制・定時制・全日制〉6校〉で定員割れがあった。なかには、競争率が0・51倍、100人を超える定員割れを起こした全日制の高校もあった。大阪の公立高校では、定員内不合格は原則として出さないことになっており、知的障害を理由に不合格にするということはない。今年の大幅な定員割れの中で、「高校問題を考える大阪連絡会」でかかわってきた〝重度の〟知的障害のある生徒も4人、全日制の府立高校に入学したという。

この大幅な定員割れの背景には、橋下府知事の、「私立高校の授業料実質無償化策」によって、公立と私立を競わせ、競争に敗れた学校を撤退させる、という方針で、私立に生徒が大きく流れたことがあると言われている。大幅な定員割れを起こした学校から教職員定数を引き揚げる、という府知事の意向も伝えられている。2012年以降、募集学級数が減らされる、あるいは統廃合される公立高校が増えることも予想される。2011年度は、この大幅な定員割れを千載一遇のチャンスとして、かなり多くの点数の取れない障害のある生徒が公立高校に入学した。

「定員割れ不合格を出さない」という原則が打ち立てられた背景には、長年にわたって「ともに生き、ともに学び、ともに育つ」教育を求めてきた運動体による粘り強い働きかけがある。なかでも、大阪府教職員組合（日教組）が事務局の一翼を担っている部落解放大阪府民共闘会議は、長年にわたる対府交渉の人権教育の要求に、必ず高校での障害のある生徒の受け入れに関する項目を入れてきた。

2010年11月に行われたインクルーシブ教育に関する対府交渉では、次のようなことを要求している。

＊障害生徒の受け入れ高校に対し、必要な人的保障や物的保障を最大限おこなうこと。

＊「自立支援コース」「共生推進教室」の設置理念を明らかにし、入学希望の多い「自立支援コース」を府内各地域に拡充する具体的な年次計画を示すこと。

＊高校においても支援学級を設置できるよう、国に働きかけること。

＊高校受験に際して、引き続き受験上の配慮をすすめること。また、必要に応じて個別に具体的協議を行うこと。私学に対しても同様の指導を行うこと。

＊定員内不合格を出さないように各高校への指導を強めること。

府は、定員内不合格について、「高校への入学許可は、高等学校長が行うこととしているが、定員内不合格については、原則として出さないというのが、入学者選抜における基本的な姿勢である。今後ともこの姿勢に則った対応をするよう高校への指導を続けるとともに、この趣旨を再度、高等学校に徹底していく」と回答している。

また、定員割れで入学してきた生徒の教育をどう保障していくかについては、「学校支援人材バンク活用事業により、障がいのある生徒のニーズに応じて、介助ボランティアと学習支援サポーターを各学校に配置。また、生徒一人ひとりの障がいの状況を把握しながら、別途非常勤講師を措置」と答えている。

2001年、府教委は、「府立高等学校における障害のある生徒に対する学習指導及び評価について」(通知)を出し、次のように求めている。

1 障害のある生徒の指導については、教職員の共通理解を図るとともに、その障害の種別や程度等に応じて、特別な配慮のもとに、可能性を最大限に伸ばすよう、きめ細かく行うこと。

2 生徒一人ひとりの実態に即した適切な指導を行うため、障害の状況を把握し、家庭、専門医等とも連絡を密にして、指導目標を設定するとともに、指導内容・指導方法を工夫すること。その際、盲学校、聾学校及び養護学校における学習指導方法等も参考にすること。

3 教育課程の編成については、「学校設定教科・科目」の開設、教科・科目の選択や単位数の増減などについて弾力的な対応を行うこと。また、生徒の障害の状況によって、教育課程の変更を行う必要が生じた場合には、教育委員会と協議を行うこと。
4　評価に当たっては、評価のあり方や評価の方法を生徒の障害の状況に即して検討するとともに、指導の目標に照らして生徒の変容を多角的、総合的に評価すること。その際、特に、知識の量のみを測るのではなく、生徒の学習の過程や成果、進歩の状況などを積極的に評価すること。
5　評価の通知については、生徒が自らの学習過程を振り返り、新たな自分の目標や課題を設定し意欲的に学習に取り組めるよう、必要に応じて、その形式・方法及び時期等を工夫すること。
6　進級・卒業の判定について、本通知文の趣旨を踏まえて、内規の見直しを行うなど、柔軟な対応を行うこと。

２０１０年度から、定員割れで重度の知的障害生徒を受け入れた学校に、学習サポーターや非常勤講師が配置され、障害生徒に付き添い、生徒のニーズに応じた個別指導や個別授業が行なわれている。また、個人内絶対評価を行うことで単位を認定し、進級を可能にした。しかし、今年度、入学してきた知的障害生徒の保護者に対し、「何年かかっても進級は無理です。留年を繰り返すことになるでしょう。」と告げた学校もあるという。

知的障害生徒に接した経験のない高校の教員は多い。自立支援コースの実践を参考に、一般入試枠で入学してきた知的障害生徒が、まわりの生徒といい関係を結び、ともに学び育ち合うことができるよう、教員研修の機会を増やし、校内の支援体制を整え、教育課程、授業内容や教材教具の工夫をしていくことが課題だろう。

2 自立支援コース

現在、府立高等学校9校および大阪市立高等学校2校に「知的障がい生徒自立支援コース」を設置し、一般入試とは別枠で選抜して受け入れている。

1960年代の終わりから、「障害児を地域の学校に」という運動が始まり、障害児の原学級保障、教育条件の整備が進められてきた。知的障害のある生徒の高校入学については、現行の入学者選抜をクリアーすることは極めて難しく、府立高校での受け入れは長らく定時制の課程等にとどまっていた。

しかし、高校への進学率が約96%に達していることや、ほぼすべての小・中学校において障害のある子どもたちと障害のない子どもが「ともに学びともに育つ」教育が行われている状況から、大阪府学校教育審議会は、2000年11月、「今後、知的障害のある生徒の後期中等教育の在り方について審議を深め、一定の方向性を見出していくためには、受入れや交流の実績のある高等学校における具体的・実証的な研究を基礎とした検証が不可欠である。早急に調査研究校を指定し、その研究成果を踏まえ、引き続き検討することが重要である」という提言を府教委に行なった。

府教委は、これを受けて、知的障害のある生徒を受け入れ調査研究を行う高等学校を指定し、その教育目標、教育内容や教育方法等を高等学校教育にどのように位置づけるのか、また、高校受け入れによって本人や周りの生徒にどのような効果が期待できるのかなど、実証的研究を行い、その研究成果に基づき一定の方向性を見出していく方針を打ち出した。調査研究の期間は、概ね5年間、調査研究校については、以下の要件を満たすことが望ましいとされた。

- 知的障害がある生徒の受け入れや交流の実績があること。
- 地域の中学校との連携や支援が期待できること。
- 地域の福祉関係、授産施設等との連携が図れること。

大阪府教育委員会は全府立高校へ「知的障害のある生徒受入れに係る調査研究校」の希望校を募ったが、手を挙げた府立高校は、阿武野高校、西成高校、松原高校、柴島高校の4校であった。

2001年度から、この4校にそれぞれ2名の生徒が他生徒の一般入試による選抜とは別枠の入試で受け入れられることになった。このうち松原・柴島の両校は、それまで入学や卒業は正式に認められてはいないが、実際の学校生活は他の生徒と共に過ごす場が与えられる「準高生」という形で受け入れてきた実績があった。また、西成高校では、定員割れ不合格を出さない方針のもと、すでに何人かを入学・卒業させていた。阿武野高校は、知的障害のある生徒を受け入れるのは初めてであったが、生徒たちの部活動を中心とした交流の実績が受け入れにつながった。その後、さらに2校が調査研究校に追加指定された。

2005年8月、府学校教育審議会は、この調査研究が年度末で終わることをふまえ、「今後は施策として知的障害のある生徒を対象とした入試を実施すべきだ」との答申案をまとめた。入試の選考方法は、学力検査は課さず、調査書や面接などで選考することとした。2006年度からは、11校（府立高校9校、大阪市立高校2校）の高校の学科内に「知的障がい生徒自立支援コース」が設置されることになった。自立支援コースでは、現在、各学年3名の知的障害生徒を受け入れている。応募資格は、次の要件を全て満たすことが求められている。

(1)受験の年の3月に大阪府内の中学校を卒業する見込みの者（既に中学校等を卒業した者は受験できない）。

(2)療育手帳を所持している者又は児童相談所等の公的機関により知的障がいを有すると判定を受けた者（※注　療育手帳は、各都道府県もしくは政令指定都市が判定と発行を行なっている。大阪では、重度がA、中度がB1、軽度がB2となっている）。

(3)在籍する中学校の校長の推薦を受けた者。

(4)自主的な通学が可能で、ともに学ぼうとする意欲のある者で、中学校長が提出する書類は調査書及び推薦書、入学者の選抜は、調査書、推薦書及び面接を資料として行う。調査書における各教科の学習の記録は、評定ではなく、文章による記載としている。面接は、自己申告書に基づいて個人面接で実施し、面接に要する時間は20分程度で、保護者の同伴を原則としている。

そして、次に示す選抜の観点等による総合的評価により合格者を決定している。

①志願した高等学校の特色の理解

②中学校内外における学習や活動の状況

③様々な事柄に対する興味・関心の広さ

④他の生徒とともに学ぼうとする意欲

⑤出身中学校等、地域の関係機関との連携

知的障害生徒のカリキュラムについては、各校とも、高等学校学習指導要領の必履修科目の履修を満たし、各生徒の状況にも対応できるよう、知的障害のある生徒の一人ひとりの状況をふまえ、さまざまな工夫を行い、各校の学科の教育課程の選択科目を活かしながら、学習指導要領の規定に留意しつつ、自立をサポートする科目を学校設定教科・科目として設定し、一人ひとりのニーズに対応した教育課程としている。

授業の実施形態は、「ともに学び、ともに育つ」教育を推進する観点から、クラスでの指導を基本としているが、生徒一人ひとりのニーズに応じて、個別指導やグループ別指導等、次の4つの形態を組み合わせて実施している。

- クラスでの授業（付き添いの教員等がいない）
- クラスでの授業（付き添いの教員等がいる）

・小集団授業（自立支援コースの生徒が集まって行う授業）
・個別の授業
クラスで受ける授業は、各校の平均を見ると、全体の約70％となっている。

自立支援コースの生徒の評価については、他者との比較ではなく目標に準拠した評価（絶対評価）を重視し、生徒一人ひとりのよい点や可能性等多様な側面、進歩の様子等を把握する個人内評価を行っている。

3　共生推進教室

「知的障がいのある生徒の高等学校受入れに係る調査研究」の趣旨を活かし、府立高校内に設置した府立たまがわ高等支援学校の共生推進教室において、両校の連携協力のもと、支援学校の生徒が、府立高校の生徒とともに学び交友を深めるとともに、本校における府立たまがわ高等支援学校の職業に関する専門教科を学ぶ、という制度。2006年に府立枚岡樟風《ひらおかしょうふう》高校内に設置され、2009年に策定された「『大阪の教育力』向上プラン」の「生徒・保護者のニーズ、地域バランス等を考慮しつつ、自立支援推進校、共生推進校の整備を進める」との方針のもと、2010年度から新たに3校整備され、計4校で、毎年各校3人の受け入れが始まった。

共生推進教室は、自立支援コース同様、「ともに学び、ともに育つ」教育を推進すると同時に、教育的なニーズに合わせて支援を行い、基礎的な学力・基本的生活習慣の獲得を目ざす。高校のクラスに所属し、ホームルーム活動や授業、文化祭・体育祭などの学校行事、クラブ活動には高校のクラスの一員として参加・活動する。自立支援コースとの違いは、学籍はたまがわ高等支援学校の生徒となるので、卒業証書はたまがわ高等支援学校の名で発行され、枚岡樟風高校からは「修了証書」が発行されること。応募資格、選抜、授業形態については、自立支援コースとほぼ同じだが、週1日はたまがわ高等支援学校で職業についての学習をし、就労支援を行う。

『『大阪の教育力』向上プラン」に向け、府教委は自立支援コース、共生推進教室の両方とも3校ずつ申請したが、認められたのは共生推進教室の3校だけであった。自立支援コースは、府独自の施策であるため、予算は府の持ち出しとなるが、共生推進教室は、国の施策に基づいたものなので、国からお金が出るから、というのがその理由のようだ。自立支援コースの設置校を府内各地域に拡充してほしい、という要望に対しては、共生推進教室を、「知的障がいのある生徒の高等学校受入れに係る調査研究」の趣旨を活かした形、つまり、限りなく自立支援コースの形に近い運営をすることで要望に応えよう、というのが府教委の姿勢だ。

4 「ともに」の願い

今年度、自立支援コースには、33人の枠に126人が志願、倍率は高い学校では7・33倍、平均3・82倍、共生推進教室には、12人の枠に36人、高い学校では4・33倍、平均3倍の競争率である。

各校とも、障がいの種類や程度によって選抜しない、という方針をとっているが、選抜の基準があいまいだという保護者の不満は高い。一部には、障害者の「エリート」しか通らないという風評も立っている。

かつて阿武野高校で選抜業務にたずさわったとき、選抜は全くこの自立支援コースの理念になじまないと矛盾を感じ、その徒労感で胃がキリキリ痛んだものだ。自立支援コースを受けて落ちた知的障害生徒が（その生徒の知的障害は軽く、むしろこだわりの方が強い発達障害の生徒であったが）、どうして自分が自立支援コースの受験に落ちたのか納得できず、ずいぶん傷ついたという話を、その生徒の主治医から聞かされたことがあった。

今年度、大阪の公立高校後期入試の倍率は1・05倍、それに比べると、選抜になじまない知的障害生徒のためのコースの倍率が3倍を超えるのはおかしい。本来なら、全員合格にするか、せめて抽選の形に変えるべきだと主張したが、周りの教師の賛同は得られなかった。療育手帳さえあれば受験でき、抽選で入学できるということになれば、さらに自立支援コースに知的障害生徒が殺到する、というのである。どっと増えるだろう、というのは、それだけ「ともに」の願いが潜在的に多いということでもあろう。

「自立支援コース」の今年度の受験生の特徴として、知的障がいが軽く、「発達障害」と考えられる生徒がほとんどであったという学校の話を聞いた。保護者の志望動機は、「うちの子は障害が軽いから、支援学校ではなく普通高校の方がいい」「一般入試で入ると、学力をつけるためのうちの子のニーズに応じた個別の配慮が十分になされないから、自立支援コースを選んだ」ということで、「ともに学ぶ」ことよりも、「個別のニーズに応じた配慮」を期待しての受験であるように感じられた、とも仄聞した。

過去には、発達障害の生徒が、「自立支援コース」を不合格となり、一般入試で合格したケースもあったと聞く。今年度、一般入試で定員割れが生じたにもかかわらず、「自立支援コース」不合格の生徒が一般入試で同じ府立高校を受験し合格したという話は聞かない。この背景には、地元の「公立高校に障がい児を！」という運動の衰退があるように感じられる。競争が当たり前となり、障害児教育も、「ともに」という考えから、「個別のニーズに応じた」という方向に大きく変わった。それが受験生の変化となっているのではないかと考えられる。

高校が知的障害生徒を受け入れ、障害のある生徒とともに学ぶことで、まわりの生徒も変わっていく。教員もまた、知的障害生徒への取り組みを通して、障害に対する理解を深め、教育とは何かを立ち止まって考えるようになる。「自立支援コース」は、知的障害生徒が高校でともに学ぶことが当たり前の光景となるための第一歩である。全国のすべての高校に知的障害生徒が学べるシステムが拡がることを願ってやまない。

（冨田幸子『増刊・人権と教育』53号、2011年6月）

《資料・「実現する会」の歩み》

私たちは何をしてきたか　何を発見してきたか

「障害者の教育権を実現する会」が、独自に政策をたてて、障害児の普通学級就学の運動を始めたのが、１９７４年です。35年も前のことですね。浅井一美さんという、目の見えない女の子が、浦和市（当時）の別所小学校に入学したいとお母さんが問題提起して、それが事務局に伝わってきて、一丁やろうじゃないかということになったのです。

１　浅井一美さん学区小就学問題

その時です。これは僕の恥をさらすようなことになりますけれども、目の見えない女の子が、普通の子どもと一緒に勉強するなんて、できるのかというような、懸念を表明しました。それで数人で、浅井一美さんの家に、行ってみたわけです。そうすると、目が見えない一美さんを、おかあさんが配慮して、テーブルその他を、ちゃんと、動かさないようにしてある。そして弟と追いかけっこをやっているというような状況でした。

それから、浅井さんは、すでに教科書を準備されてました。普通の教科書をばらしまして、ひらがなもわかるようになっている。レーズライターという用紙で、セロハンと和紙を貼りあわせてあって、硬いゴム板の上で、ボールペンで書くと、盛り上がって字が現われるんですね。そうすると、盲児にしてみれば、触って読むことができる。チューリップの絵などは、布を切って張ってあって、触れる絵本のようになっているんです。隣の子どもなり先生は、同じ教科書で、見えるから一美ちゃんページが違うよと教えることができる。こういうものがもう準備されている。それから、レーズライターが、アメリカで開発されていて、模範の字を触察して、盲児が書くこともできる。これならやれるのではないかという風に考えました。ぼくは、何も知らなくて、無知というのがいかに怖いか、ということを痛切に感じました。

そしてそれでは、法律的にはどうなのだろうか、盲学校というのがあるのに盲児が普通学校に入って、普通の健常児の目の見える子どもと一緒になって勉強するということを検討し始めました。それで、学校教育法71条というのがございますけれども。これは、いまでは、学校教育法が改正されまして、72条になっていますけれど、盲学校は盲児のための教育機関であると書いてある。盲児は盲学校に行くこととは書いていない。「これだ!」と思いました。つまり、盲学校というのは盲児を教育する機関であって、盲児は盲学校に行かなければならないのではない。ところが、文部省の初等中等局長通達によると、盲児は盲学校に行くことといっていた。この局長通達というのは、市町村、県の教育委員会に通達として、下りてくる。われわれ国民に対して法的な拘束力はない訳ですね。これを突き崩して、それから憲法26条の「教育を受ける権利」、そういうことを調べまして、浦和市教育委員会にぶち当たっていったわけです。19

74年の11月7日にお母さんの浅井留美子さんの名前で、内容証明郵便で要望書も送りました。学習の可能性、そのときの学習という考え方は読み、書き、算を中心にして、考えていましたから、非常に狭かった訳ですけれども。しかし、集団の中で、たとえば2、3人のクラスメートと一緒に盲学校で過ごすよりも、多勢の集団の中で過ごす方がいいだろう、これは常識的に考えられますね。法律解釈としては、学校教育法71条と憲法の「教育を受ける権利」条項を武器にしまして、そういうことをやってきました。盲児浅井一美さんの、普通学校就学のための集会をやったりして、支持者を増やしたり、意志を統一しました。それで浦和市教育委員会に出向いて行きました。

黒沢指導課長が、わりと穏やかな人で、話を聞いてくれる。けれど、一遍では行かなかったですね。しかしそれを続ける。それからまた、盲児の普通学級就学のための懇談会というものをやったりして、新聞にも取り上げられた。それで結局、結論として、権利としての普通学校就学というのが、1975年の4月に実現したわけです(『養護学校義務化と学校選択』三一書房、78年参照)。

ここで私たちが学びましたのは、やはり権利というものは、一般的に説教されたり、紙に書いたものを読んだだけではだめで、個別に実現される。つまり、公権力の政策に対して、これを転換させ、個別に実現されるということを、私たちは学びました。個別性こそが、具体的普遍なんです。抽象的な普遍ではなくて、具体的な普遍だと、これは非常に大きなたたかいの武器となりました。それと同時に、正式に普通学校に学籍を置いて盲児統合教育が、実現したのは、この1975年が初めてです。したがって、盲児統合教育元年という風に言っております。

それから盲児の普通学校就学運動が、ずっと続きまして、今日では、2008年6月に「障害のある児童及び生徒のための教科用特定図書等の普及の促進等に関する法律」、略称で「教科書バリアフリー法」という法律が出まして、09年度から通常学級にいる障害児に拡大教科書なり点訳教科書なり必要な教科書を国庫負担で保障するということが決まりました。これはもちろん、われわれだけではございませんけれど、われわれの闘いも、行政を動かす要因になったということは、まごうかたなき事実であると思います。

2 親（本来的には本人）の学校選択権

1977年2月の、第6回総会で、「親（本来的には本人）の学校選択権」というスローガンを提起しました。つまり、親というのは、これは憲法にも書いてございますけれど、その保護する子女を就学させる義務がある。就学させる義務というのは、同時に、子どもの学習権を保障する義務でもある。子どもにとっては、就学するというのは権利です。だから親が、子どもの権利行使代行者となって、学校選択をする。もちろん盲学校という機関があるのだから、盲学校にいく、そういう選択をなさる方もいていい。いていいけれども、普通学校に入るということは、なんら法律違反にはならないということです。

初めのうちは、いろいろありました。たとえば、神奈川県大和市で、高橋しのぶさんの就学闘争をしたときは、市役所の前にテントを張ったりして闘争しましたけれども、うまくゆかなくて、そして結局、翌年、就学を認めたのですが、こんなわからず屋の教育委員会のいるところに就学してやるかと、和光小学校に入学したのは、1977年のことでした。

わたしどもは、そういう経験を、踏まえて、同時に、養護学校義務化は1979年でございますけれども、それを前にして障害児教育について、「親（本来的には本人）の学校選択権」、つまり、本来的には本人が権利を行使するのだけれども、地域の普通学級か、障害児学級か、養護学校か、親が権利行使代行者として学校を選びとるという思想に基づきまして、「親（本来的には本人）の学校選択権」というスローガンを打ち出した訳です。

3　遅滞児における学習の意味

このときは、もちろん、集団生活の中での重要な問題がありましたけれども、知的障害児ですね。遅滞児の統合教育は、まだ無理なのではないか、というふうに漠然と考えていたんです。そうしたら、平林浩さんが、和光小学校の教師をやっていて、遅滞児の容平くんを、理科の仮設実験授業というのに参加させた経験を語ってくれたことがあります。「〈てことトルク〉の授業で、容平君はトルクの原理を、理解することはできなかった。このトルクの授業で教えようとしたことは、ほとんどわからなかったといってもまちがいはないだろう。テストは、視覚的な直観でできる問題以外はできなかった。では容平君にとってこの授業は意味がなかっただろうか。私もクラスの子どもたちも、決してそうは思っていない。容平君は授業の内容は十分にはわからないけれども、授業をたのしむことはできた」（『障害者教育研究』13号、84年3月）。

授業を楽しむことができたということを、平林さんは言っている。わたしも「あ、これだ！」と思いましたね。やっぱり集団の中で、そういう経験を積むと、授業を楽しむことができたということですね。われわれはやはり、学習概念というものを、読み、書き、算というふうに、狭く考えておりました。平林さんが、そういう実践をされたのは、1983年でした。

話は飛びますが、1997年に、茨城県茎崎町というところで、車イスで非常に重篤な精神遅滞の菊地翔子さんというお子さんを、学区小に入学させようと教育委員会に要望書をお父さんお母さんがお出しになったことがあります。ここにその要望書の一部を、引用します。

「翔子が、授業の内容を理解することはできないことも解っています。だからと言って一緒にいることが意味がないとは思いません。翔子なりの学び方があると考えます。掛け算を理解することはできなくとも、クラスの友だちが掛け算を暗唱する声を聞くことはできます。先生の声に対する子どもたちの反応をまぢかに感じることも、翔子にとっては学習です。子どもたちのざわめきや歌声のする場にいること、『翔子ちゃん』と語りかけてくれるいろいろな声を感じて聞き分けていくこと、たくさんの友だちから顔を見つめてもらうこと、手を握ってもらうこと、自分に対してさまざまな反応を示すことを体全体で感じること、それらすべてが翔子にとっては学習だと考えます」。

こういうことを、お母さんの菊地絵理子さんが、茎崎町教委への要望書で書いておられた。これはお母さんが血のにじむような思いでつむぎだした言葉だと思います。この翔子さんの小学校、中学校の時の実践記録が、これは非常に優れたものですけれども、この『翔子、地域の学校に生きる！』という一冊にまとまって、07年に出ています。1700円です。これは、物語としても、障害児にかかわりのない人生論としても、非常におもしろい有益なものだという風に思います。

障害児の学習というもの、学習概念というものを、たんに、読み、書き、算というふうに、狭く考えるのではなくて、集団の中で、何かを感じ取ること、喜びを感ずること、これも学習概念に入るだろうと。そして同時に、わたしたちは、そういうものの理論的根拠が、どういうところにあるかということも、共同研究をしてきました。

与野市（当時）の石川愛子さんが、1981年から特殊学級の担任になりました。特殊学級に籍を置いて、しかし、かばんもクツ箱も、みんなと一緒。日常生活は、普通学級の中でやって、1週に何時間か学科指導を受けるために通級学級に通ってくる。これは自閉のお子さんで、よっちゃんと仮名で書いておりますけれども、1年生の最初で、みんなと集団で下校して、途中までお母さんが迎えに来てくれる。ある日たまたまお母さんが、迎えにきていらっしゃらないときがあった。そうしたら、よっちゃんがパニックを起こして、てこでも動かない。途方に暮れて困っていると、先に帰した健常のお子さんが、たんぽぽの花を摘んで、よっちゃんのところに戻ってきて渡してくれた。そうしたら、よっちゃんが、にこっとして、それで気分が転換した。気分が晴れるんですね。そういう発見が、実践の中でありました。それから、石川さんが家庭訪問をした。学校ではあれだけ自分に寄り添ってくるよっちゃんが、家庭に行くと、自分を見向きもしない。そして、お母さんにべたべたする。これを見て、あれれ、と思うのですね（『遊びの発見　ことばの獲得』社会評論社、95年）。

こういうのがどういう意味をもつかと、いうことです。それを理論的にも解明しようということで、認識論という学問の中の、気分論を確立したわけです。わたくしの本で、『実践的認識論への道』（論創社、84年）というのがあります。ここで気分論という問題を提起しております。気分をどう転換させるか、どう気分を安らかなものにさせるか、これはですね、母子関係論という学問が、第二次大戦後、ヨーロッパに確立してくる。親が死んでしまって、子どもたちだけが残るというような状況があって、それで施設で小さい子どもを、育てなくてはならない。その実践が、単に、暖をとり、食をとらせるだけでは、子どもは正常には育たないと。

やっぱり、言葉かけなり、普段の肌の接触、そういうような、母親がするようなことをすることによって、子どもが正常に育ちうる。そういう学問が出てきた。これは柴崎君が、雑誌『人権と教育』1号（84年）に書いていましたけれど、この母子関係論というもの。単に、物を食わせるだけでは、育たないのだと、気分をどういうふうに、安定させるかと、人間と人間との関係の中で、どんな風に気分を安定させるかということが重要であると集団的な討論の結果を、書いている。このようにですね、われわれは、個々の実践というものの、実験としての意味をとらえ返して、さらにそれを、理論的に解明してゆく。こういう、つまり、昔の言葉でいうと、理論と実践の統一、ということを繰り返して、理論を積み上げてきたわけです。

ここでの発見、権利は個別に実現されなくてはならない。個別に実現されることによって、初めてこれが具体的普遍たりうるということですね。それからそれの、具体的な政策化として、「父母（本来的には本人）の学校選択権」の問題提起です。それから、気分論とか認識論、母子関係論の問題、こういうものを、全部、前の発見を次の発見で包み込むようにして、この30何年間、蓄積をしてきたと言えるでしょう。

4　国際障害者年の問題提起

1981年に、国際障害者年がありました。この国際障害者年で、障害の概念が規定されました。どういうものか、「身体的損傷」と、「障害」と、それから、「ハンディキャップ」に分けて考えて、そしてそのそれぞれに対応するのが賢明であるというふうにいわれています。「国際障害者年行動計画と概念構成」という、国連の文章が採択されまして、損傷、障害、ハンディキャップ。損傷というのは、たとえば、脳のどこかが、打撃を受けて、そのことによって、脳性まひというような、障害が現れるという場合がありますね。そうすると、発語が不明確になったりするようなことがあります。そのことで、変なやつとか思われたり不利益をこうむる、それがハンディキャップです。この損傷と、障害と、ハンディキャップ。社会的に、そういうふうに見る必要があります。

さらにその先を引用してみますと、

「ある社会がその構成員のいくらかの人々を閉め出すような場合、それは弱くもろい社会なのである。障害者は、その社会の他の者と異なったニーズを持つ特別な集団と考えられるべきではなく、その通常の人間的なニーズを充たすのに特別の困難を持つ普通の市民と考えられるべきなのである。障害者のための条件を改善する行動は、社会のすべての部門の一般的な政策及び計画の不可欠の部分を形成すべきであり、また、それは、国の改革プログラム及び国際協力のための常のプログラムの一環でなければならない」そう宣言してますね。これは僕は、全くその通りだと思う。われわれが、やってきた実践とですね、この国際障害者年の宣言文書とが、理論的にピタッと一致する。つまり国際的にそういうところにまでなってきている。われわれは、国連憲章や日本国憲法その他勉強いたしまして、やはりそういうことが分ってきたわけですね。そして、とくに、ユネスコ学習権宣言というのがございまして、ユネスコというのは、国連教育科学文化機関というのの略称、そこで、ユネスコ学習権宣言が1985年3月29日に第4回ユネスコ国際成人教育会議で採択されました。引用します。

「学習権は、人類の生存にとって不可欠な道具である。もし、世界の諸人民が食料生産やその他人間に不可欠なニーズを自給自足できることをわれわれが望むならば、世界の諸人民は学習権をもたなければならない。……中略……学習行為は、あらゆる教育活動の中心に位置づけられ、人間行為を出来事のなすがままにされる客体から、自分自身の歴史を創造する主体に変えていくものである」。

若干哲学的な言い方ですけれども、そういうユネスコ学習権宣言というものが出される。そこで、当時の「実現する会」の代表顧問をやっていらした、国分一太郎先生のおっしゃったのは、「君たち、人権国際主義という考えをうちだせ」「国際的に人権規範というものが、どんどん、どんどん伸長してくる。これとわれわれの運動とが、対応して、共鳴しあっているのだと、こういう立場をうちだす必要があるのだ」ということを、おっしゃって、それで人権国際主義ということを、この頃からいうようになりました。

5　インテグレーションからインクルージョンへ

そしてさらに、1994年にはサラマンカ宣言が出されます。これも引用します。

「すべての子どもは教育への基本的権利を有することを前提に、『特別な教育的ニーズをもつ者は、そのニーズを充たすことのできる子ども中心の教育理論の内で、適応させるべき普通学級へのアクセスを持たなければならない』として、

「・個人の違いや困難にかかわらず、あらゆる子どもを包み込むことができるように教育シ

ステムを改善することに、最高の政策と財政上の優先権を与えること。

・あらゆる子どもを普通学級に学籍措置する包み込み教育の原理を法律あるいは政策の問題として、やむを得ない理由がないかぎり採用すること。」

これはインクルージョンの原則と言います。インクルージョンというのは、インクルードという、包み込むという意味の動詞を名詞化したもので、インクルージョンという風に言っております。われわれはかつて、インテグレーションと言った。統合教育と訳されましたけれども、その後インクルージョンというようになった。インクルージョンの原則というのを、さかんに言ってます。菊地絵理子さんの本についても、「手作りのインクルージョン」という長い論評を書きました。雑誌『人権と教育』の48号です。考え方はですね、インテグレーション（統合教育）というのは、障害児を健常児集団の中に迎え入れるという考え方だ、ところが、インクルージョンというのは、ある地域に子ども達が10人いるとすれば、十人十色ですね。これを全部、包み込むような教育、包み込むような社会。これが必要なのだと。一般にインクルージョンという言葉で、十人十色、その中には障害児ももちろんいる可能性がある。いると考えた方が正しいだろう。そういう人をも包み込んで、社会生活が送れるような施策をやりなさいということです。

つまり、インテグレーションの段階では、健常児集団の中に障害児を迎え入れるという発想だったんですね。われわれもそうだった。ところが、サラマンカ宣言でそこのところ、そうではなくて、この、ある社会に十人いれば十人十色でいろんな奴がいる。健常者だって乱暴者も泣き虫もいる。それも、排除しないで、もちろん障害児も排除しないで、社会生活、学校生活が送れるようにする。これをインクルージョンというふうにいう、だからいま、インテグレーションからインクルージョンへの転換が非常に大切になっています。障害児も普通学級の中で、教育についていくならば、そこに場所を得て、みんなと一緒に学習をする。その学習というのは、単に、九九が言えるとか、だけではなくて、みんなと集団で先生の話を聞いたり、みんなが九九を暗唱しているのを聞いたりして気分が良くなる。それが、大切なんだと、これを一人の主婦、菊地絵理子さんが、自分の子どもの実践でもって、実証して見せてくれました。

そういう立場に、われわれは、立っていると。社会的に、分けること、それ自体が差別なのだと。私たちの「障害者の教育権を実現する会」の規約に書いてあります。

「私たちは、制度としての障害者分離、政策としての障害者分離が、そのまま差別以外のなにものでもないと考えます。それは教育の分野でもおなじです。そこから、すべての障害児にはその障害の種類や程度にかかわりなく地域の小・中学校に就学する権利があると考えます。と同時に、障害児一人一人の個別的な条件にもとづいて、必要な配慮と教材保障などを不可欠のこととして要求するものです。いわゆるインクルージョンを、私たちは右のように理解します」。

90年代になってからこういう規約の前文に改定しました。さらに、2007年に規約を改定しまして、こういうことをテッペンに書き込んだ次第です。これは非常に重要なことで、単に、われわれの運動の指針たるだけではなくて、すべての障害者政策について考えなくてはならないものだという風に思います。もちろんその前に討論があった訳ですけれども、障害者分離は、障害者を分け隔てること、制度としての分離、政策としての分離はそれ自体差別なのだと。このことは、例えば盲腸炎になって、入院しなくてはならないとか、盲児の場合には白杖訓練ということが必要ですね。こういう場合の教育上の必要に基づく機能的分離、これは当然のことですけれども、これは健常者でも障害児でも同じですね。制度として分離すること、政策として分離することはそのまま障害者差別なのだという原則を打ち出して、これがわれわれの最も基本的な原則です。だからそこから、本人の意志を代弁して、親が希望するならば地域の学校の普通学級に就学させるのは、これは当たり前であるというようなことが、帰結されてくる。これがわれわれの、基本的な立場です。

（津田道夫『増刊・人権と教育』50号、２００９年5月）

［編集部註］以上は、「実現する会」28回総会（09・2・28）での津田道夫の特別報告を録音から起こしたものです。

執筆者一覧

はじめに
野村みどり（のむら　みどり）施設職員

第１部
津田　道夫（つだ　みちお）評論家
宮永　　潔（みやなが　きよし）元小学校教員
山田　英造（やまだ　ひでなり）障害者教育研究
細野眞奈美（ほその　まなみ）主婦
細野　友克（ほその　ともかつ）会社員
パジェ・ロベルト・カルロス（ぱじぇ・ろべると・かるろす）会社員
小池　有子（こいけ　ゆうこ）主婦
高橋　則和（たかはし　のりかず）会社員
高橋　文子（たかはし　ふみこ）主婦

第２部
赤沼　智賀（あかぬま　ちか）主婦
渡辺　丈子（わたなべ　たけこ）主婦
平林　　浩（ひらばやし　ひろし）科学教育研究
高坂　　徹（こうさか　とおる）小学校教員
桂山かおり（かつらやま　かおり）主婦
桂山　洋幸（かつらやま　ひろゆき）会社員

第３部
稲川　雅枝（いながわ　まさえ）主婦
村山起久子（むらやま　きくこ）
冨田　幸子（とみた　さちこ）元高校教員

あとがきにかえて

障害者の教育権を実現する会の定期刊行物について

障害者の教育権を実現する会では、月刊『人権と教育』（年10回刊）と雑誌『人権と教育』（年２回刊）を編集・発行しています。

月刊『人権と教育』は、書店で購入できませんので、関心のある方は、

障害者の教育権を実現する会
〒330-0061　さいたま市浦和区常盤９-10-13
ライオンズマンション浦和常盤204号
電話・FAX：048-832-6966
郵便振替：0170-2-179147
メール：cerp1971@sj9.so-net.ne.jp
ホームページ：http://www016.upp.so-net.ne.jp/cerp/

に直接お申込みいただけると幸いです。１部220円、年間購読料は2,200円。見本紙送れとのご要望にもお応えしています。

また、月刊『人権と教育』20号分を、そのつど１冊にまとめた保存用の合本もあります。現在19号まで出ていますが、こちらは頒価2,000円と割安になっております。

雑誌『人権と教育』（年２回刊、１部1,000円）もまた、書店では購入できませんので、会事務所に直接お申し込みください。年間購読料は2,000円です。送料、当方負担。

障害者の教育権を実現する会では、就学の相談（要望書の書き方や教育委員会との話し合いのすすめ方、その他）や、就学以後の学習保障その他の問題についての相談にも応じています。３人の事務局員が、月、水、金曜日の午後２時半から６時半まで当番制で事務所につめております。お気軽に電話なりメールなりファックスなり手紙なりでご連絡ください。お待ちしています。

さらに、講師の派遣その他にも応じるようにしています。くわしくはご連絡ください。

野村みどり（のむらみどり）
1951年生まれ。障害者の教育権を実現する会事務局員。月刊『人権と教育』編集長。元小学校教員で、33年間の実践のまとめとして、『難聴の姉妹を普通学級で受けもつ』を手づくり発行（障害者の教育権を実現する会取扱い）。現在は、高齢者施設介助職員。共編著に『マニュアル　障害児の学校選択』（社会評論社）がある。

宮永　潔（みやながきよし）
1949年生まれ。元小学校教員。障害者の教育権を実現する会事務局員として、就学・教育相談を担当している。共編著に『マニュアル　障害児のインクルージョンへ——地域の学校でいっしょに学ぶ』（社会評論社）、『マニュアル　障害児が普通学級に入ったら読む本』（社会評論社）がある。

障害児が地域校に学ぶとき——新マニュアル　障害児の学校選択

2012年10月20日　初版第1刷発行

編　者——野村みどり・宮永潔
装　幀——桑谷速人
発行人——松田健二
発行所——株式会社社会評論社
　　　　　東京都文京区本郷2-3-10
　　　　　電話：03-3814-3861　Fax：03-3818-2808
　　　　　http://www.shahyo.com
組　版——ACT･AIN
印刷・製本——倉敷印刷

情緒障害と統合教育
インクルージョンへの道
津田道夫【著】　四六判／2310円

翔子、地域の学校に生きる！
重度の重複障害をもつ娘と歩む
菊池絵里子【著】　四六判／1785円

遊びの発見　ことばの獲得
統合教育もうひとつの試み
石川愛子【著】　四六判／2310円

フリースクールの授業
楠の木学園で学ぶ若者たち
武藤啓司【編著】　四六判／2100円

子どもの危機　教育のいま
「改正教育基本法」時代の教育体制
佐野通夫【著】　四六判／2310円